朱啓泰著

文史哲詩叢

千禧啓泰詩存

文史哲出版社印行

國家圖書館出版品預行編目資料

千禧啓泰詩存 / 朱啓泰著. -- 初版. -- 臺北市：文史哲，民 99.11
頁： 公分. --（文史哲詩叢；95）
ISBN 978-957-549-934-1(平裝)

851.486　　99021612

文史哲詩叢 95

千禧啓泰詩存

著　者：朱　啓　泰
出版者：文　史　哲　出　版　社
http://www.lapen.com.tw
e-mail：lapen@ms74.hinet.net
記證字號：行政院新聞局版臺業字五三三七號
發行人：彭　正　雄
發行所：文　史　哲　出　版　社
印刷者：文　史　哲　出　版　社
臺北市羅斯福路一段七十二巷四號
郵政劃撥帳號：一六一八〇一七五
電話886-2-23511028・傳真886-2-23965656

實價新臺幣二二〇元

中華民國九十九年（2010）十一月初版

ISBN 978-957-549-934-1　08895

潘序

詩，匪獨「言志」，且爲抒情、書史、流播民隱、宣洩百感至善媒介，尤以中國古典「近體詩」爲甚。中國古典文學研究者，泰半以研究古典「近體詩」爲主要研究課題。上世紀中國文史學者，幾無不對古典「近體詩」有深刻之認識與作爲。兼以「近體詩」形式簡短（排律除外）整齊，易於記憶，且以其音韻悅耳，意情動人，令人讀後，歷久不忘，實爲遣發休閑時日及增益智力之良好工具。

東台朱公啓泰，「懷文抱質，恬淡寡欲」，爲詩、文有「觀古今於須臾，撫四海於一瞬」之功；「籠天地於形內，挫萬物於筆端」之能。近以其新著《千禧啓泰詩存初稿》一冊見贈，並盼作序。不材既非史、哲之人，亦非詩、文之士，於詩學素乏精研，受託之餘，不勝汗顏！惶惶終宵，友情難卻，遂不恥鄙陋，權塗數行於卷首，以彰其名，而揚宏篇。俾使此新著，「雖未能藏之於名山，將以傳之於同好」也。

《千禧啓泰詩存初稿》，共分五集：一曰《唐人》，二曰《飛鴉》，三曰《記事》，四曰

《慶誄酬和》，五曰《混沌》。顧名思義，每集各有其旨趣與類分，一目了然，毋庸揣度。

其《唐人集》也，概言華人旅外之艱辛奮鬥、創業建功之精神及生活遊樂之情趣。花花絮絮，說盡僑居異域唐人傷心與樂觀之史績。不材於一讀三歎之餘，竟有「當頭棒喝」之感！頓悟唐人之前瞻，光明可期，信矣。

其《飛鴉集》也，述撰人一己之思維、感受，與生活瑣屑綦詳。以詩人之宏博文思，充沛靈感：「精騖八極，心遊萬仞」之天賦；敘事多姿，詩境寬廣；題材繁富，描畫精巧；「文采委曲，曄若春榮，瀏若清風」之成品，令人讀之，悅目爽心，如見其人，如歷其境。此集聲色並茂，堪稱佳什，然矣。

其《記事集》也，有史詩之雛型。所述多有歷史價值，猶如杜子美詩然。朱詩無雕琢苦吟之迹，又近李太白所賦。杜子美詩「涵渾汪洋，千態萬狀，」樸質奧衍，敘事淩駕抒情，人稱「史詩。」每章必字斟句酌，務期盡善。李長吉、孟東野、賈閬仙諸輩，「尋章摘句，」苦吟尤甚，所謂「夜吟曉不休，苦吟鬼神愁」、「二句三年得，一吟雙淚流」，是也。李太白詩，則出於天成，如長河之春洪，一泄千里，莫可遏止，飄逸自然，雖子美亦美譽備至，賀監之稱太白爲「謫仙人」，其言匪虛。朱詩「委委佗佗，」有如其人；又有翰墨奔流之勢，類杜而近李。何也？朱詩長於敘事，此所以類杜之由；而無苦吟之迹，此又所以近李之因也。朱公詩興高昂，靈感泉湧，出於天賦。其古典文學根源之堅實，人生經歷之豐足，得之後天。二者並茂於詩作，遂成一家之言，非常人所可企及。收之史冊，必可增長歷史之光輝無疑。誠矣。

其《慶誄酬和集》也，倡酬贈答之薈萃。既有「靈椿一株老」遐齡之祝，又有「投詩贈汨羅」弔古之章，篇篇光燦奪目，句句色彩輝煌，撰人詩文領域之博大，交遊之深廣，盡見於斯集。綜觀全集，和朱詩者似僅數人而已，豈「其曲彌高，其和彌寡」之論，亦有真義乎？伯牙之絃，非鍾期莫可辨；仲尼之思，雖子路亦莫逮。朱作「妙絕時人，」驗矣。

其《混沌集》也，聚零星雜什於一集，混而有序，雜而不蕪。有悲歡，有諧趣，有俚語，有俏皮，有集句，有《竹枝》，有輓歌，有悼亡；又有序言、書後、詩論、簡介，包羅萬象，「五色相宣。」處之壓軸，宜矣！

昔者高達夫，年五十始習爲詩，卒成杜子美之詩友。朱公啓泰，年逾古稀，方試作「近體。」然不數年，積詩盈千，詩冊數見。「蜚聲騰實，」名揚兩洲。其於詩學之耕耘及影響，厥功匪細，雖達夫再世，弗如也，是爲序。

西元二〇一〇年七月二十二日北美華州西城西浪潘錫龍拜撰

導言

（一）千禧時代變　詩意應從今　褪色中華寶　真情處處吟
（二）千禧春暖現祥光　中外詩篇朵朵香　努力耕耘尋妙境　拋開舊意出新章

廿一世紀的初年，千禧年，爲了慶祝我倆金婚紀念，我開始寫詩。想不到，在短短十年中，竟然寫了近千首，並出版了「漫談中國近體詩」和「排律詩抄」二本詩冊。

今年是我倆六十年結婚紀念，我原想在鑽石婚前，收集大部分的詩稿編成「千禧啓泰詩存」一冊出版。但因記憶力減退，工作效力差，拖延了半年之久。

廿世紀初，自八國聯軍後，有識之士，感覺到國家政治腐敗，必須改革。青年學子，紛紛出國留學，學習彼邦政經體制，回國效力。終於建立民國，暫免列强瓜分之辱。但其中東鄰日本，倚仗英日同盟，從東北逐出俄人勢力後，更是處心積慮由蠶食，變爲鯨吞。演變爲八年的中日血戰。後又擴大爲第二次世界大戰，最後屈伏於原子彈的威力下，作無條件投降。抗日戰爭勝利後，接下去又是國共二黨的爭鬥，使得我們這批年輕人離鄉背井，流離顛沛地來到美國，轉瞬間已是五十多年了。俯今思昔，不勝唏噓。

我是一九九一年從波音公司退休的。那時已是六十七歲的老人。本是悠遊自在，不想再做什麼事。但自千禧年寫了一首詩後，感慨萬端。覺得身為中國人，在廿世紀中，中國所受的苦難，應當寫出來讓後人知曉。尤其是中國幾千年的文藝精華，不能因為科技知識的落後，便一筆勾消。寫詩正是最簡便的傳播方法。因此我寫的詩偏重於史事，時事。有時見景生情，逢場作戲，交際應酬，也寫了一些其他種類的詩。總是看到什麼，聽到什麼，想到什麼，隨箸靈感，一鱗半爪地寫出來。

古人說：詩是心聲。又說詩為文之精。孔老夫子把詩經列為古代六經之首。這些都說明詩對於人類思維言辭的重要性。

上古時期的詩，往往是由一些人開始歌唱，羣衆附和傳播。詩意經常變化，詩句也一路增刪改變。當初每首詩經中的詩，可能有多種不同的詩句流傳，因此孔夫子加以整理刪定。

廿一世紀由於我國教育普及和科技資訊的發展，文盲幾乎是絕跡了。一般人在公餘之暇，常需要精神食粮的調劑，詩歌應該可以充當這種角色。加上中國國力的逐漸强盛，使得外國人對中華文化重新估價。現在美國學生學習中文的人數，已在逐年增加。並且美國翻譯界已在陸續翻譯中國近體詩了。這種情形，與一世紀前，一廂情願地倒向歐西的局面，大不相同。因此我們不應枉自菲薄，應當繼續發揚光大中華瑰寶的詩學。不讓它走入消失之路。這是我編箸這本書的動機。

本書得到亦師亦友潘錫龍先生賜予的寶貴序言並介紹《唐人》、《飛鴉》、《記事》、《慶誄酬和》及《混沌》五集。句句精采，字字珠璣。衷心感激涕零，特此致謝。

詩句下有＊符號。因該句或後句是孤平。曾用平聲字代替仄聲字補救。

二〇一〇年八月朱啓泰於北美華州雲通嶺

千禧啓泰詩存　目次

三、記事集……八九

四、慶誄酬和集

美國加州金門大橋

一、唐人集

唐人懷古

新潮文革斬基根　古舊衣冠棄不存　藩屬唇亡門戶敞　列強蠶食虎狼吞
崇洋異國風光好　媚外他鄉草木尊　甦醒國魂何處覓　唐人街上讀詩喧

金山華僑客

不畏重洋險　千船過海來　舌岐難達意　手勢費疑猜
勤苦卑衣食　辛勞積貨財　金山多富伯　老耄望鄉回

僑客歎

紅花綠葉終歸土　亂世飄零寄此身　落泊異邦爲異客　鄉音難改故園親

老僑吟二首

（一）黃葉因風盡　落霞伴鳥歸　萍蹤隨水遠　佇立送殘暉
（二）不爲糊口不勤工　養老清閑兩手空　好景多磨腰刺痛　昏花眼眊耳鳴聾
口才鈍拙難相答　記憶模糊且苟同　腿軟登高思借杖　但嗟老耋不圖雄

讀天使島壁上詩後（一）

血淚斑斑壁上詩　時乖運蹇被囚羈　金山銀窟人人羨　跨海漂洋個個癡
兒女飢啼夫遠出　關員鐵面法偏私　移民規犯籠中鳥　天使孤魂島上居

註：（一）天使島，在加州金門灣內。廿世紀初島上有牢房，拘留來美華人移民甚多。牢房牆壁上，有題詩六十四首及對句二處。這首詩我已增加詩句，改為排律，收集在拙作排律詩抄中。

天使島上小鳥

風姨狂肆虐　黃葉全飄落　驟雨打前窗　低簷藏小雀
紅冠閉眼眠　綠羽安心託　弱鳥比人強　晴開天際樂

西城華埠

枕山開埠財源足　面海迎新俊傑多　複道長虹天吐艷　青螺疊翠日祥和
高樓聳立人煙集　商賈喧囂客貨梭　二百春秋長綠樹　八千里路扣舷歌

又一年

一年添一歲　花落又花飛　春醒茅尖綠　夏炎蔬葉肥＊
蟲聲歌草莽　蝶舞逐流暉　秋露侵膚冷　冬寒雨雪霏

野草二首

（一）野草不因人事限　風飄種籽去他鄉　春初苗弱莖無力　夏至根深幹漸強
雨打風吹蟲蟻害　花開葉茂蝶蜂忙　黃雲紅火爭嬌艷　遠處常聞十里香

註：這首詩已經增加詩句，改為排律，收集在拙作排律詩抄中。

（二）野草春來綠　尖尖茁細芽　蓬鬆如刺蝟　逐漸放鮮花
聚集成雲簇　嬌妍比彩霞　經秋常後謝　灼灼夕陽斜

梅信報春（二〇〇五年乙酉年歲杪）

冬雨連綿灰暗暗　梅紅冒冷爬牆燦　無知小狗足旁眠　不省明晨春待旦

明史二鄭傳奇

大木承三保　明臣海上龍　兩朝皇賜姓　先世不同宗

讀史有感

奸雄時勢造　愚魯號忠良　池外蛟龍起　劉邦得子房

琉球群島

中山王國小　地瘠農耕稀　明代朝中國　東疆衛帝畿
防夷施海禁　倭寇用兵機　依倚扶桑木　紅花浴日暉

憶基隆

和平島上造船場　仙洞幽深繞異香　淺水碼頭遊客集　牛稠港內貨箱裝
運河駁繁拖船擁　航道輪多巨舶忙　港局高樓廛市望　雞籠風雨鳥聲揚

基隆形勢

削壁懸岩不易攀　沙鷗巨舶逐雲還　山環碧水留壺口　腹地交通一道彎

基隆孤拔墓（見註）

孤拔西來氣燄驕　安南臣服北京囂　南洋艦隊無能敵　外島澎湖任意挑
鞭指基隆兵力盛　垂涎寶島物資饒　海軍登陸遭強旅　留塚荒灘倍寂寥

註：法國海軍將領孤拔，一八八三年率軍襲安南東京，中法戰起，侵福州，敗南洋艦隊，據澎湖島，登陸基隆時中砲卒，葬於基隆海邊。今海水浴場附近。

中法基隆戰役記事

巉岩絕壁一河通　良港天成氣勢雄　法艦縱兵輕意入　伏屍累累雨濛濛

憶兒時過新年

桃符新換薦長春　紅燭三牲旨酒陳　鞭爆聲喧驅穢氣　香煙繚繞散清塵
整衣跪拜祈財福　沐手心誠送灶神　壓歲錢封藏枕下　兒童歡笑不知晨

鄉戀

先賢季直翁　母里巧相同　大道通齊魯　防堤自范公
東台新縣邑　舊鎮古安豐　身在花旗國　心懸遠海東

清明

清明時節雨　萬物向欣榮　綠意因春發　飛鴉擇樹鳴
荒坵疑古塚　異國念親塋　寄食他鄉遠　傷情眼淚盈

七夕

彌漫雲河月魄孤　勤勞織女績麻纑　新婚燕爾牛郎伴　棄廢織紝天帝謨*
急急頒書詔拆散　依依臨別步踟躕　一年一度蒙恩准　七夕橋開淚灑途

重陽

重陽佳節到　山頂見秋光　海角升朝日　天涯望故鄉
單衣人影瘦　寒露菊花黃　弟妹皆分散　何年聚一堂

秋月二首

〔一〕桂魄蟾宮秋意冷　吳剛巨斧砍枝多　嫦娥玉兔深藏隱　不羨天孫跨絳河

註：絳河即銀河。

〔二〕月殿虛空冷　清輝照九州　蟾宮人物少　高樹桂枝虯
巨影吳剛立　無蹤玉兔羞　蛾眉天帝妒　難見幾回秋

望梅

望梅能止渴　畫餅豈充飢　知足心常樂　居安應慮危

北斗

北斗七星三四點　銀河漠漠亙天邊　無言獨立中宵靜　萬種情思淚點牽

憶左公柳

左帥西征綠色開　絲綢路上柳枝栽　無知庸眾柴薪伐　滾滾黃塵漫地來

瀚海

飛沙大漠滿天黃　遠處茫茫似水光　朔氣秋風衰草亂　三三兩兩見牛羊

二〇〇二年湖南水災有感

報載洞庭湖水漲　穀倉黎庶又遭殃　氣蒸雲夢彌天雨　波撼岳陽澤國鄉
老幼同心忙堵塞　官民協力築堤防　頻頻災害須根治　事後還當計久長

洛神

即景生情賦洛神　文思錦繡軼群倫　高才七斗留些許　待後來人好問津

憶南京莫愁湖

莫愁湖上小舟輕　雙槳翻飛水鷺驚　盧婦歌聲今不再　空餘黃雀向春鳴

向晚意識（老年感慨）

天際雲霞幻　流光百樣紅　山根凝暮靄　霜葉瑟秋楓
老樹殘枝弱　凋花露網蒙　驅車舒不適　拂面大湖風

黃山名勝

怪石奇松附　仙鄉畫史誇　天都魚脊仄　迎迓客松斜
丞相觀棋局　詩仙夢筆花　蓮峰雲海擁　日出泛金霞

憶黃山

風雨常年蝕　山高土脈虧　奇松依壁附　細水出縫滋
峰削天梯險　雲深海霧馳　青蓮遺夢筆　不盡畫中詩

下黃山即景

凄迷風雨驅塵客　叉胯橫行策杖還　飛瀑瀉穿峰頂霧　搖搖松樹壁依攀

黃山蓮花峰

石奇松古麗　天匠雨風雕　雲海群峰合　蓮花撥霧翹

註：這裡四首寫黃山風景的詩已經重新編排詩句，合併為一首排律詩「黃山吟」。請閱拙作「排律詩抄」。

長江小三峽憶遊

涇渭分明咫尺間　參天神女曉妝還　懸橋影鎖清溪脫　絕壁雲封滴翠彎
巴霧濛濛猿嘯斷　龍門巘巘虎攀艱　山羊咪咪桃源近　空谷遠離勢利關

憶小三峽雙龍鎮

橋駕清溪水　峽開千仞峰＊　潺聲和鳥語　綠樹掩雙龍

長江小三峽詩後

巴山蜀水奇清秀　三峽風光別有天　檢出小張空白紙　牙牙學語續前賢

赤　壁

慷慨高歌氣勢雄　南飛烏鵲下江東　金戈鐵馬空陳跡　赤壁長留一片紅

家　園

家園故國幾時歸　劫後荒煙景已非　往事依稀離緒遠　難忘歲歲燕雛飛

金錢萬能

無縫不入錢如水　金影幢幢四面伸　勢大財雄交顯達　友情道義近稀珍
吹牛拍馬群英譜　務實求真一笨人　八面玲瓏初識好　上天入地可通神

貧苦大衆（仿馬東籬天淨沙意境）

老樹昏鴉集　殘陽瘦馬飢　沙平流水竭　腸斷滿天涯

人世

非牛非馬爲衣食　辛苦勤勞碌碌身　袋缺分文書債據　腰纏萬貫逐征塵
借錢抵押添房產　膠卡簽名貸信人　匆促蜉蝣春夢短　永恆天地億千春

老至

雙目昏花閱讀難　屢尋眼鏡看書刊　聞聲電話疑蚊遠　助聽擴音累耳酸
晨起扶行腰腿軟　夜深夢醒口喉乾　人人皆道高年好　我說星稀月影單

落日

落日依山盡　餘光映海紅　凝眸思往昔　惆悵向東風

心境平和

心境平和多樂趣　不求甚解會思通　看花走馬花無語　臨海觀濤海不雄
短暫人生壺斷酒　繽紛彩色雨留虹　茫茫塵世煙雲罩　不見匡廬漫幻中

梅　花

五瓣梅花放　春寒蝶不來　香氛蜂少集　異國寡人栽

蒔花樂

臘梅冬至占花魁　春早櫻紅傲碧苔　桃杏風吹翩蝶舞　鬱金香引艷陽開
杜鵑前圃三春發　牡丹鄰園四月栽　最喜籬邊霜後菊　鵝黃紫白挽秋來

詠　梨

白花春滿樹　蜂出繞人忙　拔草施肥灑　除蟲噴霧揚
攀梯清果贅　延頸盼梨黃　九月群鴉集　喧賓奪碩嘗

蜂蝶集花叢

蜂貪花汁蝶來依　人愛鮮花氣味霏　最惱秋深天氣轉　彩花片片順風飛

鵬　鳥

煙塵瀰大地　鵬鳥向西飛　奮力爭先進　高瞻究細微
翼遮明月影　身裹彩雲衣　七海環球旅　蒼冥鶴侶稀

註：這首詩已經增加詩句，改為排律，收集在拙作排律詩抄中。

蟋蟀

將軍生土穴　唧唧念征人　捕者循聲壯　囚蟲鬥意真
弱懦腰失股　強勝血敷唇　豪賭千金博　英雄痛屈身

老人應多動

少年生計迫煩忙　老病時來最可傷　只好殷勤多運動　移山非晚命期長

日日新

精益求精精上進　細中更細細於塵　風推後浪翻前浪　日日維新日日新

新科技

精益求精精上進　細中更細細於塵　基因病毒原形現　科技精工萬象陳
入境月宮窺地角(一)　探空星路問河津　風推後浪翻前浪　日日維新日日新

註：(一)地角，地之盡處。

新世界

精益求精精上進　細中更細細於塵　顯微細細千形變　晶片微微百色春
水府淵淵探異域(一)　星空暗暗覓迷津　風推後浪翻前浪　日日維新日日新

註：(一)水府，水之深處也。

詠蟹

雙螯稱海將　八足喜橫行　水淺沙灘息　波揚海下征
眼長觀易轉　軀小走無聲　掛甲非公子　無腸水府兵

詠中國四種花

蘭草香聞空谷遠　薔薇多刺喜攀梯　經霜丹桂常留馥　出水紅蓮不染泥

村城

初民遊牧居無定　近水防奸聚建村　村落相連街肆立　城區擁雜惱人煩

燈塔

大海無邊際　千船我導航　光穿迷霧出　浪簸谷峯揚
風急濤聲吼　桅傾水手惶　自然威力大　人建塔燈房

錢

一錢逼倒英雄漢　腰缺分文別見人　錢可通神神可買　過多財富也傷神

徒勞

且將鐵杵細磨針　火上彎鉤水裏淋　穿線繫絲魚桿直　入山得處鏡池陰
飛珠濺玉從高下　裝餌垂綸試淺深　但見優游金色鯉　逡巡不進卻浮沈

酒　醒

今朝有酒口留香　地上寒光月似霜　夢裡飄飄身似燕　故鄉萬里好飛翔

謝友助成毛澤東時代史詩

潘顧邱唐諸至友　相幫相應助吾詩　常通魚雁增佳句　屢得書刊解意疑
多謝推敲尋妙選　尤惑激勵授機宜　終成毛史長排律　感激衷心樂不支

毛澤東時代史詩自嘲

尊詩字句多　口累少人歌　怎不刪刪短　省時墨少磨

註：毛澤東時代史詩係一首六十四句的長篇排律詩，請閱拙作「排律詩抄」。

不　平

滿瓶不動半瓶搖　好酒香醇土酒燒　劣貨充盈良貨逐　駑駒懦弱駿駒驕

五丈原

六出祁山蜀相栽　大星隕落漢軍哀　秋風五丈原頭急　北雁年年列陣來

新加坡

十字珠光耀四方　新興島國集帆檣　中華印馬同心建　科技金融孔道忙
民主政權稱盛世　自由經濟領南疆　人人平等遵嚴律　世世安康快樂鄉

鴉片戰爭

鴉片縛人魂　煙雲霧氣吞　惡魔原葯物　印度植花根
販賣須堆棧　侵淩據島門　林公焚毒貨　香港泣庸昏

香港

本是漁村地　和章割讓人　荒嵎開港埠　遠舶泊江津
百載悠悠過　千街處處春　紅旗飄失土　二制一邦親

高雄吟

蕉風椰雨話高雄　良港人開濬海通　曠野平疇農地廣　青山一抹壽岡崇
防波西子灣堤建　攜手愛河人影融＊　貨運穿梭街道闊　工商發達夜光紅

科技島滄桑

一片鵝毛海上飄　紅夷逐鹿火鎗驕　延平赤嵌開疆土　巡撫雞籠斃法梟
吳鳳成仁終獵首　倭夷肆虐廣征傜　滄桑五百年來史　科技如今寶島翹

遠航

大海高空月　清輪照遠航　連天皆碧色　何處是邦鄉

閑　居

閑居無事讀離騷　屈子行吟汨水滔　世事時人多得失　漁歌清濁醒吾曹

寂寞空山路

寂寞空山路　茅高乏鳥喧　風輕春日暖　轉瞬近黃昏

進香拜神

一瓣香從雲外透　五星光自日邊來　誠心正意求神宥　補路修橋散貨財

念故人

風雨難成夢　陽和憶舊時　昔歡今苦念　冬夜引寒思

孫行者二首

（一）跳出紅塵外　天宮鬧傲頑　奪來如意棒　嬉戲鬥妖蠻

（二）菩提迷正覺　入世作猴身　一旦除三障　歸天反璞真

秋末了

天高山月小　閃閃知多少　雲漢淡如煙　烏啼秋末了

神靈有感

何以通神道　天高薦賴人　傳書頒聖示　發語附靈身
妖使長魔術　明師引軼倫（一）　修行羈意馬　或許免沉淪

註：（一）軼倫，超越同羣。

戶樞

戶樞不朽堅如柱　流水長流清不腐　懶惰偷安疾病多　勤勞鍛鍊身如虎

范蠡

敵國財雄譽望嘉　陶朱事跡盡堪誇　誰知范蠡平吳後　隱美經商處處家

雀戰

會戰方城來四友　擲骰定位擇東家　牌風旺順連場勝　計算精明賭藝誇
一砲三和沖手付（一）　三元四喜笑聲譁　月撈海底青蓮夢　自摸么張槓上花

註：（一）雀戰中，通常一家和牌，沖手只付一家。但如三家皆和牌，則沖手要付三家。

憶台北第一女中授幾何課二首

（一）小姑鶯燕笑言頻　教室詢疑惑感真　三角方圓隨筆畫　幾何難証解諄諄
（二）群芳校色滿齋春　靜聽沉思漸入神　尺板圓規無用處　奈何軌跡惱師瞋

幾何課

定理千條教幾何　學生紙上畫陀螺　圓周九點聯心線　下課開懷信口歌

舊　袍

舊袍毛色好　式樣不時行　送進裁縫店　新衣待日成

壽比南山

壽比南山松不老　愚公掘土瘦肩挑　聰明怎及痴呆笨　活到高年不覺憔

讀大同通訊有感

萋萋芳草年年綠　天外來雲朵朵情　勞燕分飛消息遞　大同立達志恢宏

寶島蒙塵

本是一盤沙　難成大器耶　寧尊吞母獍　不作哺親鴉
進步拳頭狠　登龍子彈誇　弟兄如手足　分化兩輸家

觀　戲（二〇〇四年）

燕雲賂地小兒皇　附賊稱父石敬瑭　好戲如今重演唱　秋波頻送媚東洋

聲討日本歷史教科書篡改侵略史實記事

強盜心腸狠過狼　奸淫放火殺人狂　倭奴海賊東夷虐　近衛阿南首惡戕

註：這首詩已經增加詩句，改為排律，收集在拙作排律詩抄中。

日本小泉首相拜靖國神社

侵略英魂續命絲　殺人放火舞陽旗　無邊浩劫剛剛過　戰犯靈前念祖悲

日本軍國主義蠢動

擬效先人燒殺搶　小泉拜廟費思量　能源礦產枯將竭　果牧漁農獲不揚
慾海逞兇倭寇嘯　金烏耀武億鄰殃　安邦應續田中策　史籍從優篡改藏

外　交

外交本是縱橫術　進退迂迴險曲通　一意孤行生惡果　同心合力領群雄
抑強扶弱憑公理　豪奪逞兇豈餓熊　協約聯盟爭與國　鉤深致遠免兵戎（一）

註：（一）鉤深，探索深奧。

上課鈴

鈴聲促我忙　書卷壓眉揚　生命蜉蝣短　爭雄蟋蟀昂
少年須刻苦　創業應周詳　望子成龍躍　榮宗耀祖堂

下晚課鈴

鈴聲從遠至　鼻息嗅廚香　學子思餚美　嚴師教興昂
傳薪無倦意　空腹動飢腸　日月如梭逝　青雲合夜光

註：上課鈴與下晚課鈴二首詩合併，改為排律後，收集在拙作排律詩抄中。

新中國（東西南北）

東亞曾譏有病夫　西方矚目展雄圖　南洋海域爭油氣　北地農耕缺水無

法治與獨裁

法律非爲限自由　年年提案訂新猷　獨裁政治因人異　賞罰爭權在上頭

招風耳

手搭耳招風　聞聲驟覺洪　千元能節省　助聽不傷聾

乳　燕

乳燕離巢去　經年每欲歸　重洋風逐雨　隔海目流暉
異國長棲老　滄桑百事非　白頭吟舊句　詩澀鳥音稀

簾捲西風

簾捲西風急　伊人堂上立　黃花舞瘦枝　晝失寒蛩泣

讀崔顥黃鶴樓詩有感

黃鶴樓中詩一首　千年人物望雲癡　萋萋芳草鄉關遠　江上煙波縷縷絲

不經風暴

不經風暴不成材　大樹遮天小樹哀　阻我陽光難發展　新鮮空氣不吹來

良言無價寶

良言無價寶　寶貴勝千金　一句平常話　甜絲扣合心

註：近日好友邱君贈我趙海霞女史所著「老中老美大不同」一冊。內有一篇「良言無價寶，其貴值千金」兩句原文為英國史學家 Thomas Fuller 所說說「Good words cost nothing, but are worth much.」。經趙海霞女史翻譯成中文。譯句饒有詩意。稍稍改變並接上兩句，寫成一首五絕。

酒色財氣

吃酒醺醺醉　談情癢癢心　賭錢輸慘慘　鬥氣語瘖瘖

生死福病

生有何歡煩惱集　死亡何懼苦勞多　兒孫滿室人稱福　病患老來屢屢磨

雷電

雷公邀電母　佈雨共行雲　霹靂中天裂　光明一線分

空靈

海闊天空腦內空　新鮮氣息自然通　靈開下筆如神助　紙上魚蝦動不同

推敲

詩意憑天趣　靈來得句存　推敲嫌日短　賈島我師尊

清明

清明時節雨紛紛　風雪交加草芸芸　暖化全球人少覺　異常天氣不時聞

苦樂

死於安樂生於苦　美國初民闢地耘　遊子他方來沃土　孜孜不息袋無文

溫室鮮花

溫室鮮花嬌滴滴　紅黃紫白鬥鮮妍　不經風雨難持久　旬日花殘瓣落翩

醉翁樓

客上醉翁樓　新朋勝舊儔　三杯剛入口　百結已消愁
陳酒香醇美　饞涎嘴角稠　乾坤壺內大　世界夢中遊

佛說

佛說人間皆是苦　一生常染病愁磨　離開母體呱聲哭　掉換新牙叫痛呵
入學尊師無暇戲　作工糊口會心歌　缺錢老至徒悲泣　疾患臨終怨命蹉

病魔

道高一尺魔高丈　毒菌更新轉性狂　良藥時久無效應　自身免疫力須強

上海市行人道上（二〇〇五年）

行人道上行人眾　機動單車喇叭歌　騎客穿梭爭隙路　癡聾避險選泥窩
秋毫分秒摩肩越　寸步蝸移側目過　如此交通如此地　觀光外客歎聲多

大同大學九十五年紀念

明德新民終至善　大同立達社人忙　教師枵腹輸錢授　學子專心聽講詳
千載文章高義古　百年學府好名揚　蒼蒼白髮同窗友　回首當年聚一堂

太　陽

炎炎赤面翁　草木望蘢蔥　開眼光明放　浮雲白影曚
葵花時刻轉　楓葉九秋紅　晝夜如梭去　陽和欠始終

絲　路

絲路千條樹指標　前程萬里目昏搖　黃沙滾滾飛塵重　細葉青青逐絮飄
竇憲征西戎遠遁　左公植柳客逍遙　如今更比前時便　鐵道公車貨客囂

商　場

信譽無欺廉賈富　蠅頭小利積微多　陶朱殖產通全國　金谷奢華往下坡
財貨流通須迅捷　商機掌握莫蹉跎　市場自古多爭奪　得法經營奏凱歌

無題

源頭多活水　鱗錦化千千　一旦春晴至　追花出谷川

牡丹

本是中州產　陽明富貴花　姚黃兼魏紫　灼灼彩雲霞

忍

忍字心頭有把刀　忍無可忍且嚎啕　何如約束胸中恨　試作鵬飛萬里翱

種瓜

種瓜瓜結子　瓜子再萌芽　芽發春初蔓　藤牽夏令爬
秋涼瓜蒂落　冬凍葉籐麻　歲歲留瓜子　因緣再結瓜

人世間二首

（一）胸懷大志少年時　事業雄心長不爲　日暮殘陽西下艷　枯株朽木冢壘壘

註：邱炳華兄簡述他的一生，可用三句話包括：「少有大志，長而一無所成，終與草木同朽。」筆者認為他這三句話頗有詩意，因作此詩記之。

（二）世間歲月閑難得　天下知交老更新　相識何須時日久　言多未必意純真

詠竹

節節高升上　無心郤有莖　修篁千萬桿　丘壑動風情

此風不可長

曾聞古有鞭屍事　今日流傳內臟銀　毒草乃因無黨性　良心可售換人新
器官高價奇珍品　牢獄財源罪犯身　宰狗何須遵法律　金錢上達可通神

死後再刑

割腎挑心死後刑　屍身國有入公廳　器官內臟高錢售　大好金銀入囹囹

湯頭歌訣

歌訣湯頭不算詩　書傳只助學徒知　文章順口難忘記　醫案多端澀苦辭
借得詩心歌句寫　搜求葯物病情宜　神農百草嘗嘗試　留得中華一脈醫

烽火台

周室分封守四方　諸侯保衛衛中央　幽王無道褒妃笑　烽火犬戎哀國殤*

金谷園

金谷園中旭日晨　鶯歌蝶舞正迎春　豪華往昔今無在　飛鳥投林懼見人

倉　頡

倉頡傳文字　今人學古人　百工師法效　萬事舊書陳
禮記經篇集　存藏絕代珍　五千華夏史　四寶寫甡甡

舊履

沉魚落雁想芳姿　玫瑰鮮花盛幾時
舊履依然顏色好　夕陽高照隔窗窺

落拓二首

（一）落拓離家海外行　半生辛苦老來輕
卅年一覺黃粱夢　贏得詩存遂意情

（二）落拓飄零北美行　波音勞瘁退休輕
半生一瞬清秋夢　晚唱漁歌濯足情

詩興

詩興如流順意來　東南西北檢題材
春來冬去花爭發　鳥語呢喃費我猜

異想

異想天開滿腦胸　但傷年邁步龍鍾
冀求研發長生果　益壽延年格調丰

斗酒詩篇

斗酒詩篇意氣豪　西天取寶忍煎熬
歸還鄉土衷心亂　人事滄桑都邑囂

夕陽無限好

夕陽無限好　天色已黃昏
掩卷深思靜　心安去俗煩

胃病自療

少食多餐不飽飢　咖啡煙酒盡情離
清歌常聽平心氣　運動勤勞少幻思

人老珠黃

前年八十匆忙過　人老珠黃怕病磨
勞動辛勤心意樂　時光短暫莫蹉跎

聚散

人生聚散如朝露　久別重逢望眼穿
往事斑斑如在目　相思一片與誰傳

淵魚

淵魚水下游　愚笨不知愁
貪食吞魚餌　終身上了鉤

近水

近水多村樹　天寒起北風
炊煙升暮靄　鴉噪夕陽紅

心事

路上行人少　曦光耀露華
樹叢藏噪雀　屋頂立啼鴉
過海辭家宅　飄洋越水涯
河清鄉國遠　心事亂如麻

自卑

自卑奴隸樣　俯首聽人償
古物中華寶　詩書孔孟香

自傲

傲氣通天氣　星光掩日光
他山皆下品　世上唯吾强

立言

雲煙過眼去　不朽事尊三　文化千年寶　如何一現曇

數說

數說人間假　吾身未必真　攻詆容易事　掩耳盜鈴人

寒風淒雨

寒風淒雨報初春　草木青青吐蕊新　等待蜂群飛舞日　家家出動享芳茵

寂寂

寂寂七絃琴　泠泠發五音　山高流水冷　曲盡入吾心

驚蟄

驚蟄醒癡虫　冰霜大雪風　可憐蓬帳客　戰慄破衣蒙

行年八五

行年八五春　陰晦不知晨　夢裏依稀雪　鮮花一夜甡

捕風捉影

捕風聲四起　捉影月空明　詩寫天真事　筆傳談笑情

公式

世人憑直覺　虛假當成真　傳說無根據　空談廣引伸
先賢論理釋　後學法規循　公式經久立　無訛應順遵

扁舟

大海汪洋一扁舟　長風破浪幾經秋　豪情萬里鵬程遠　兩極瀛洲任意遊

淺水撈魚

淺水撈魚魚易獲　魚羣入網網輕揚　漁翁得利欣欣喜　魚盡水清吊網張

古往今來

古人依二腿　萬里不留停　霞客遊山水　行軍逐月星
渡河乘舟楫　搖櫓建松舲　今世機輪便　飛升入絕冥

思故鄉

乳燕離巢去　經年欲思歸　重洋風不順　夕照戀春暉

勞瘁

勞瘁中年異國行　退休無職一身輕　詩魔纏上丟不了　十載消磨濁世情

不到

不到崑崙不覺遙　何期得睹浙江潮
滔天白沫崩山湧　動地濤聲萬馬囂
跋涉長途離世俗　攀登險峻出雲霄
歡呼驚醒南柯夢　身似浮雲柳絮飄

離經叛道

離經叛道不中西　補短截長欠整齊
口語千年經世久　詩云子曰咏聲凄

中華詩詞曲藝

村言俚語詩經集　掘土存根記事詮
擊壤而歌忘帝力　歸鴉繞樹失巢眠
詩詞通俗相傳頌　村眾同聲廣播宣
大鼓羣從思事往　秧歌響應慰勞連
道情譜唱平常趣　崑曲悠揚舞影翩
巴蜀竹枝懷意顯　秦腔梆子戲聲纏
相聲口技羣聞樂　史事彈詞說唱憐
京劇四郎辭句複　管絃粵曲鼓鑼聯

客家頌

萬馬胡塵北地來　漢人黔首哭聲哀
長河天塹疆場棄　吳楚名城帝闕開
局處偏安稱盛世　江山一統少雄才
千年爭逐中原地　百載流亡海上桅
聚合秦遺征卒後　留居閩粵異鄉呆（一）
開天闢地荒原墾　築壩排溝稻穀栽
保守賢良循舊俗　勤勞儉樸積錢財
隨波逐浪他鄉遠　客地窮途育俊材

註：（一）呆，停留。

二〇〇九年八月颱風莫拉克襲臺記

颱風莫拉克東來　寶島中南百姓哀　豪雨風狂驚巨廈　急流溪漲泛南臺
雲飛波撼盆盆雨　屋毀牆翻忽忽雷　一片汪洋農作損　幾家孤島虱魚迴
瀑穿狂瀉高峯水　壩滿忙逃沒頂災　侵水温泉知本閉　陷空賓館濁流栽
村封幾處空投救　坡塌多家屋舍頹　樹倒林空風過後　車傾船失鳥歸回
柔腸寸寸難行路　血淚斑斑待葬堆　總統親臨多慰語　全球捐獻眾囊開

雨水

萬物生存依水活　水呈雨露細流潸　瑩瑩珠滴茅尖集　片片花飛雪蓋山
初夏黃梅時節雨　深秋野菊着霜顏　春融積雪洶波湧　壩建長堤節水潺
接引分流敷管道　途長用水易開關　山川瀉注湖魚蓄　雨氣升騰海域還
地下潛藏泥底隱　天光井底桶提攀　颶風潑墨傾盆降　蓄水清甜鳥獸慳
市鎮城鄉多廢水　汙溝濁道滿塵闤　灰煙滾滾淋酸雨　百里隨風草木孱

新辭與舊辭

不論新辭與舊辭　貓能捕鼠國家治　天高地廣風雲散　創意從新別舊時

近體詩贊

煩惱今皆去　千禧國運昌　中華文藝寶　近體古詩香
唐代規章立　今人誦讀揚　流傳東亞久　推廣耀西洋

詩　意

詩意無疆界　題材應取今　時時勤閱讀　老耄白頭吟

詩心句雲

詩是心聲句是雲　藍空舒卷氣成紋　中天皎皎星河動　白日悠悠竹影曛
暢飲開懷思往事　排山倒海出氛氳　吟箋掌握匆匆記　洗滌磨光玉石分

天災人禍

天災人禍總常連　自譴皇王禱禳天　民主如今誰自責　人人享樂子孫煎

飛　鳥

自由自在自逡巡　飛去飛來不懼人　如今關入囚籠裡　好似肥羊待宰身

松鶴遐齡

汽油漲價何時止　捐稅加增那日停
食物少餐常素食　電燈節約換光螢
衣衫襤褸人憎老　屋漏遲修雨滴零
映雪常思飛絮妹　登樓每歎命飄萍
年華不再容顏易　來日無多傴僂形
轉瞬陰晴寒暑換　高枝凄唳鶴松齡

還夢筆

才盡江郎夢筆還　文思頓挫意難攀
勞心勞力時光短　轉瞬龍鍾兩鬢斑

二、飛鴉集

廿一世紀初華州紀事

工商農畜建西東　兩面華州景不同　輪轉水槍飄漠雨　樓探雲霧聳蜂宮
牧人策馬驅牛犢　行客駕車塞道衕　滄海桑田時刻變　春來山色杜鵑紅

華盛頓州

火山沙漠層雲嶺　巨壩攔河蓄水區　軟件飛機科技集（一）　果瓜麥豆圃農都
國家公地三園立　總統名湖二處呼（二）　山杜鵑花長綠樹（三）　鯨噴箭雨遠巒嵎

註：（一）微軟公司「Microsoft Corp.」生產電腦軟件，波音公司「Boeing Co.」生產飛機。
（二）華盛頓州有華盛頓湖及羅斯福湖，皆由紀念先總統而得名。
（三）華盛頓州又稱長綠州。山杜鵑花為華盛頓州州花。

西雅圖市郊

海港良深水國都　聯池渠運勝姑蘇（一）　途通南北連加墨（二）　橋臥東西貫島湖（三）
微軟波音阿馬遜（四）　視窗機箭網聯沽　冬寒苦濕懷春暖　登太空針望岳孤（五）

註：（一）西雅圖市內有運河，溝通華盛頓湖與聯合湖，經政府船閘（Government Lock）出海。

（二）五號超級公路北往加拿大，南通墨西哥。

（三）九十號超級公路穿過華盛頓湖，經墨瑟島（Mercer Island）往東。

（四）微軟公司生產視窗電腦軟件。波音公司生產飛機火箭。阿馬遜公司「Amazon .com」則經營網上銷售貨物。

（五）太空針（Space Needle）係西雅圖市名勝建築物。高聳市內，上面可眺望雪岳雷尼爾山。

詠華盛頓湖（一）

山青水碧鳥徘徊　多處公園古木栽　二座浮橋飄浪沫　幾行征雁出雲隈
鱗波點點迎帆閃　柳絮團團著地來　八節四時遊客眾　風光湖景爲民開

註：（一）湖上有浮橋公路二條往東。

華盛頓湖上交通

青山一匝水瀰瀰　蔭木林藏巨富宮（一）　船閘節流通普捷（二）　浮橋串洞濟西東（三）
臥龍昏曉興蛇陣（四）　噴機晴空吐玉虹　公路環湖煙霧重　風帆畫舫峽灣通（五）

註：（一）華盛頓湖邊多富豪巨室。

（二）船閘為華盛頓湖，聯合湖（Lake Union），普捷灣（Puget Sound），與王得浮加海峽（Strait of Juan de Fuca）之通道。

（三）九十號公路由三座浮橋組成，穿過六個山洞由西向東。

（四）長橋臥波似龍，橋上早晚車行如蛇陣。

（五）峽為王得浮加海峽，灣為普捷灣。

華盛頓湖邊憶西湖

王妃絕色元戎聖　傾國勳名萬世崇　畫舫輕舟千尺艦　浮橋孔道十里虹
青山伴水埋忠骨　墨島臨波隱鉅公　南宋豪華今去也　初秋霜葉弄新紅

聯詠西子湖與華盛頓湖

鶯飛柳浪飄輕絮　山杜鵑花蕾滿枝(一)　新舊浮橋車輛織(二)　白蘇堤岸舫舟馳
孤山處士鄰鵬舉(三)　濱水艾倫夥蓋茲(四)　湖命名妃名總統(五)　風光人物詠聯詩

註：（一）山杜鵑花為華盛頓州州花。
（二）華盛頓湖上有新舊浮橋二處。新浮橋上有省道五二〇。舊浮橋上有九十號國道。
（三）鵬舉，岳飛字。與孤山處士林逋皆葬於西湖孤山。
（四）艾倫（Paul Allen），蓋茲（Bill Gatz）二人合創微軟電腦公司，皆華盛頓湖邊鉅富。
（五）華盛頓湖因華盛頓得名。西湖因西施得名。

詠雷尼爾山

海上高峰望　藍天此獨崇　懸岩開孔道　晶壁鑿冰窿
日出環山簇(一)　天堂過客豐(二)　幾人登絕頂　噓氣嘯罡風

註：（一）日出（Sunrise），山中地名。
（二）天堂，山中地名，公園管理處設立於此地。

詠奧林匹克國家公園

雨潤林叢鳥獸豐　灘平浪險大洋東（一）　溫泉路引山溪水　颶脊雲從海峽風（二）
新月湖邊連客舍（三）　奧林峰頂接蒼穹（四）　露營野宿遊人便　小徑縱橫曲折通

註：（一）奧林匹克國家公園分東西二部，東部沿太平洋邊，平坦處時有巨浪侵襲。
（二）颶脊（Hurricane Ridge），山中地名。海峽（Strait of Juan de Fuca），王得浮加海峽。
（三）新月湖（Lake Crecent）。
（四）奧林峰（Mt. Olympus）係公園中最高峰。

詠北喀斯開國家公園（一）

重嶺隔西東　園開草莽中　春寒清雪道　冬凍阻交通（二）
湖自羅斯起（三）　峽名華總同（四）　＊山光兼水色　觀賞勿匆匆

註：（一）北喀斯開（North Cascades）國家公園在華州西北部，鄰接加拿大。
（二）每年冬季，因高山積雪，交通阻隔。
（三）公園中有羅斯湖（Ross Lake），建於公園開創前。
（四）華盛頓峽谷係公園中名勝之一。

詠司羅夸米瀑布（一）

削壁高懸千尺水　珠飛玉濺雨濛濛　亭旁曲徑幽陰下　灘外磨磐蕩漾中
坐聽春融深谷鼓　閒觀晴照散雲虹　引渠地室藏岩內　發電輪機鬼斧工

註：（一）司羅夸米瀑布（Snoqualmie Falls）在西雅圖市東方卅里許，下有發電廠。

司羅夸米雨後觀瀑

飛珠日照彩騰煙　雲氣升華霧裏仙　怒瀑奔沉三百丈　銀河驟落九重天（一）

聲隆鼙鼓空山震　電轉渦輪地窖堅（二）　風雨八方遊客至　亭中觀景水絲濺（三）

註：（一）司羅夸米瀑布在司羅夸米河上，至此突然中斷下落。

（二）渦輪，渦輪機（Turbine），使用水力轉動，拖動發電機。

（三）瀑布前岩旁有亭觀瀑。

金門橋頭望遠

霧籠遠海春潮湧　拍岸驚濤細雨飄　天使孤嶼囚漢客（一）　金門阨險駕長橋

彩虹六道空中過　古炮多尊洞外銷　銀礦金山羅掘盡　新興矽谷又招搖（二）

註：（一）天使，島名。在金門灣海港內。廿世紀初以拘留華人來美移民著名。

（二）矽谷（Silicon Valley）半導體生產中心，在舊金山南，聖荷西區。

二〇〇二年春加州弄孫樂

依人銘慧凱文咍（一）　麟鳳天從姊弟來　三世歡愉孫祖樂　甜甜蜜蜜笑顏開

註：（一）銘慧，孫女。凱文，孫兒。

二〇〇二年春作客加州宏姪家（一）

大伯遠方來　朱門喜氣開　笑歡聲滿溢　閒話語諧詼
美食非魚肉　枇杷與草莓　明年重小住　果樹可多栽

註：（一）姪兒朱宏，家在加州聖荷西市。

謝寅弟採枇杷

屋後枇杷樹　枝藏碩果多　採來兄嫂食　日日上高坡

謝弟婦明淑烹調美食

摘豆作羹湯　殷勤款待忙　果珍肴味美　別後齒留香

尋　職（二〇〇二年）（一）

寂寞空山路　寒江釣者趨　持竿思酒暖　妻問得魚無（二）

註：（一）二〇〇二年，美國經濟不景氣。失業者求職不易，因作詩記之。
（二）妻問得魚無？此句與上句相連。求職者想像獲得工作後，飲酒慶祝的高興情形。但如得不到工作，將如何回答妻子的詢問？

詠天堂鳥（一）

天堂有鳥世人栽　綠嘴紅冠碧眼開　風動籬邊青鶴集　採蜜蜂雀不時來

註：（一）天堂鳥，熱帶沙漠中植物。因花形似鳥得名。

徵求人才（二〇〇四年）（一）

清淺池塘小　潛鱗現幾條　釣鉤竿上繫　難見有魚跳

註：（一）二〇〇四年美國經濟稍好，公司對新進人員，仍然選擇甚嚴。

讀西雅圖郵報有感（一）

食之者眾生之寡　八戶有貧依府衙＊　毋儉口糧餬稚子　父無職業少歸家
工農樵牧薪難付　商店銀行欠不賒　歎息生來窮苦命　無能搭屋近麻沙（二）

註：（一）二〇〇二年八月十六日西雅圖郵報載，華州八戶中有一貧民經常缺糧。
（二）麻沙（Mercer Island），島名。島上多巨富。

極樂鄉（一）

曾聞極樂鄉　佛說在西方　耕作賒錢缺　工停失業長
世人皆羨慕　政客廣張揚　隨手金圓灑　招搖到此疆（二）

註：（一）極樂鄉，指美國。
（二）美國移民法律，每年批准很多新移民來美。

詠証券市場二首（二〇〇四年）

（一）交易行情訊息多　上揚下落歎如何　今宵預測明晨價　仔細操心看線波
（二）股票商場似戰場　賺錢牟利萬人望　上升宛若騰雲鶴　下跌如同斂翅凰
得意忘形思酒色　失聲怨己念戕亡　春潮漁汎群洶湧　大戶經營捕網張

善門難開

善門開敞漸繁忙　雪片飛來信滿箱
如不暫停捐獻款　天天廢紙總盈筐

阿拉司加遊記（一）

船出溫城脫市囂　水平山靜客逍遙
雪凝玉路千層厚　凍解霜峰萬刃雕（二）
臨海冰川崩隕壁　隨波玉瓦逐迴潮
友輪相遇嗡聲應　客散依依細雨瀟

註：（一）筆者於一九九四年乘愛船（Love Boat）遊輪自加拿大溫哥華往阿拉司加，途經捐羅（Juneau），攝卡（Sitka），黑笆冰河（Hubbard Glacier），長春藤大學冰河區（College Fjord）及維灣（Prince William Sound）等地。

（二）捐羅附近，筆者乘直升機遠眺。見一冰河區，已在融化，未溶部分，冰峰如尖刀聳立，形狀奇特。

聖胡安群島（一）

青螺碧水開明鏡　起伏鯨群帶客來
輪渡交馳週五港（二）　輕舟遠眺白帆開

註：（一）聖胡安群島（San Juan Island）在華盛頓州海中，時有鯨魚出沒。

（二）週五港（Friday Harbor），聖胡安群島中港口，每日有渡輪來往。

鬱金香花節憶遊(一)

鬱金花放春來早　白紫紅黃佈局誇　世外桃源侵俗客　西方樂土厭喧鴉
縱橫彩色條條縷　艷麗容光朵朵花　山遠平疇空似洗　錦雲星海幻無瑕(二)

註：(一)華盛頓州維朗山鎮（Mount Vernon）附近為鬱金香花產區。每年春天有鬱金香花節。屆時遊人如織。
(二)錦雲，彩色花。星海，白色花。

春　光

鐘鳴天破曉　旭日撥雲開　春暖嬌花放　蜂群振翅來

雷諾城近郊遇雹

烏雲遠佈半天晴　遊客興濃往賭城　箭速飛馳公路闊　雷驚電閃雹冰瑩
道穿橋孔藏車輛(一)　坡傾珠簾滾珞瓔(二)　冒險徐徐登叉道　滑行緩緩膽心驚

註：(一)冰雹下降時，大者如雞蛋。客車多停在橋下道旁躲避。
(二)公路交叉斜坡上，冰雹紛紛滾下，有如珠簾破裂，珞瓔飛散。

詠胡佛大壩(一)

扶欄佇立望東天　水力能源億萬瓩　築壩攔河瀦澤國　引渠發電導深川
輕舟點點千帆遠　車輛紛紛百色鮮　暝色波光留不住　霓虹彩幕賭城前

註：(一)胡佛大壩（Hoover Dam），建於科羅拉多河上。壩頂為公路。西去賭城拉司維加司約卅里。壩下有發電廠。

黃石公園(一)

大道四方通　名園世所崇　沿湖遊客眾　斷谷瀑聲洪
攬勝禽鳴樂　探幽獸跡豐　羆熊常乞食　忠信定時沖(二)

註：（一）黃石公園（Yellow Stone Nat. Park）在懷俄明州，以野獸禽鳥生態聞名。
（二）老忠信噴泉（Old Faithful Geyser），按時噴水，為園中景點之一。

黃石公園遇雹（一九六八年）

溽暑山深無雨兆　烏雲霎眼蓋青天　傾盆細雹隨雷至　滿桶冰晶灑路前
窗刷難清遮眼雪　剎車緊急震心絃　須臾靜寂藍空現　葉上珠光滴滴鮮

晨　景

老眼昏花夢境中　朝雲擁日半天紅　霞光四射芒千縷　征雁飛鳴一字空

鄰院牡丹

牡丹鄰院花爭發　蝶舞蜂忙八月天　國色不因疆土改　姚黃魏紫鬥鮮妍(一)

註：（一）歐陽修牡丹記：姚黃魏紫者，千葉黃花，出於民姚氏家。千葉肉紅花，出於魏相仁溥家。

謝葉毓山教授雕贈西華園李白石像

魯班斧伐熊貓嶺　大匠經營宇內豪　雕像籌思長日久　仙容磨琢過人高
駕輕就熟先生技　應手專心葉氏操　工作周詳搬運苦　西城黎庶謝君勞

西華園迎李白石像（一）

謫仙跨海止西華　來客人人鼓掌誇　石像孤芳迎浴日　冰輪對影醉飛花
片雲停駐崇山拱　眾鳥飛來雜樹譁　文藝交流昌盛事（二）　友邦久慕古詩家（三）

註：（一）二〇〇四年五月，中國四川省雕塑家葉毓山教授，雕詩仙李白石像。由中國運來西雅圖市，送贈西華園，並主持揭幕儀式。
（二）昌，慶也。
（三）詩家，即詩人。

詠太浩湖（一）

碧嶺青天浪洗沙　春光明媚夕陽斜　二州分界環湖路　三匝歸棲繞樹鴉
遠水山圍遊客踵　賭場車擁眾聲譁（二）　秋風蕭瑟行人少　冬絮飄揚滑雪嘉

註：（一）太浩湖（Lake Tahoe）在加州與內華達州高山區內，風光明媚。為夏季旅遊，冬季滑雪勝地。
（二）太浩湖南邊湖畔，內華達州境內有賭場。

加州十七里海岸（一）

氣爽天高白浪花　東方遠眺水無涯　沙鷗展翅凌風息（二）　海狗酣眠借石遮
四季風光稀邑落（三）　幾區金碧聚人家（四）　過車須繳通行費　避世桃源巨室誇

註：（一）加州十七里海岸在加州蒙特銳半島（Monterey Peninsula）。區內多豪富巨室。進口處有門警駐守，遊客須繳過路費。
（二）沙鷗在空中迎風展翅，隨著風勢，輕微地調動尾羽，狀似安閑休息。
（三）邑落，村落。
（四）金碧，金碧輝煌也。

種菜

萬色從春綠　經冬種籽舒　根因時雨發　土引嫩芽初
嬌弱須人助　辛勤把鐽耡　油油生意勃　五月菜園蔬

宇宙

宇宙洪荒渺漠垠　引援相聚漸成塵　塵群集合星球創　併合鯨吞黑洞淪

註：（一）渺漠，渺無影蹤。

詠數學二首

（一）定理千條証幾何　方程式子等於多　積分累積微分細　三角正弦電力波
（二）便利人群公式化　經年數學演新思　多元等式單元始　三度空間四度時
圖上幾何先假設　算中答案復稽疑　微分軌跡尋天運　定位星標點點移

論科學

定理臨時立　存疑不苟同　証明真僞辯　實驗竟全功

現代旅行

長房縮地羽衣翩（一）　甲馬神行采色鮮（二）　絕域飛行今易事　時人身有塑膠錢（三）

註：（一）長房，費長房，古仙人。善縮地術。
（二）甲馬，紙馬也。天香樓偶得：「俗於紙上畫神佛像，塗以紅黃采色，而祭賽之，畢即焚化。」
（三）塑膠錢，指信用卡。

醫藥頌

符水仙丹難置信　精神療法古民方　湯頭把脈中華藝（一）　毒菌驗查西技良
手術切除陳疾去　掃描光照近時揚　藥醫進步年年有　益壽強身保健康

註：（一）湯頭，指湯頭歌訣，清汪昂撰，有醫方歌二百首。

談癌

談癌驚色變　平靜莫憂傷　局部開刀治　初期輻射良
化療悲髮落　蔬果助身強　新法時傳有　膏肓引頸望

細菌與病毒

細菌病毒人難見　微小型多若隱星　繁殖速增分秒計　遷移變異不時停
氣傳感染人生疾　巫術庸醫法不靈　試驗室中抽血驗　顯微鏡下現真形

航空飛行

鐵翼橫空萬里前　騰雲穿霧似飛仙　追星逐月時時曉　何必雞鳴早看天

飛行來美（二〇〇三年）

乘鵬天上好優遊　百里江山眼底收　雲海茫茫前路遠　黃粱一覺到華州

太空探測

火箭升空燄尾長　燃完棄節續飛翔（一）　環球加速離塵去　星路茫茫背日航

註：（一）太空船隨帶多節火箭發射。每節燃料用完，便將節筒拋棄。

錄放音機電話

年高反應遲　撥數失追隨　電話迷藏捉　昏頭轉向癡

紅簽公事自答電話

一二三分公務事　無人應對省開支　客來電話先聞數　指快從聲撥字隨
額外問題他不答　無端相告路分歧　頭昏腦脹團團轉　手軟肩酸節節移
細聽遍無詢問事　久聞多是廢言辭　週而復始從頭起　數次追隨歎息離
策劃精心營業便　癡聾老者感思遲　紅簽久被民稱病　自答消磨問訊時
百業工商援例效　網聯郵電漸繁滋　人員減少公家好　政府開端百姓疲

雷尼爾山

普捷羣峰望（一）　藍天此獨崇　蜿蜒昂白首　聳立刺蒼穹
孔道懸岩鑿　迴途削壁通　開園蕪蔓闢　浩氣瑞光融
日出環山簇（二）　天堂過客豐（三）　攀登牽伴侶　絕頂嘯罡風

註：（一）普捷，Puget Sound 譯名。
（二）日出（Sunrise），山中地名。
（三）天堂（Paradise），山中地名，公園管理處設立於此地。

公司裁減首要（二〇〇三年）

寒林歸鳥散　老樹鳳凰依　霹靂天邊裂　驚魂夢裡欷

密大畢業前思尋工作（一九五八年六月）

異國春晨倦不興　鳥鳴夢醒腦仍楞　夏初學位完成後　何處鐘聲接客僧

家用電腦

年年新電腦　快速精良好　網路達全球　嬉娛光碟寶

九月即景（二）

烏鴉總是立高枝　聒噪無休鬧耳癡　呼友招朋空降至　喧賓又集啄梨時

註：（一）日前讀趙海霞女史「烏鴉總是立高枝」後。回到後院，目睹群鴉食梨，因作此詩。

電腦遊戲

陋巷小窗中　燈光日夜紅　青年持電鼠　遊戲樂無窮

新閨怨（二）

一字悲鳴雁陣來　歌聲嘹亮大營開　自從前線征人發　柴米油鹽件件哀

註：（一）二〇〇四年，伊拉克局勢不穩，美國駐軍陸續增加。國內軍眷，生計艱苦。

夏日觀司羅夸米瀑布（一）

千尺沄沄水（二）　懸崖削壁開　白虹飛箭散　陣霧漫亭來
遊客尋幽下　苔磯臥澗栽　林陰人如織　消夏望奔雷

註：（一）司羅夸米瀑布（Snoqualmie Falls）在西雅圖市東方卅里許，下有發電廠。
（二）沄沄，水流洶湧。

伊拉克美國軍營（二〇〇四年）

老站駐新兵　軍容紀律明　穿梭人影眾　裝甲炮車盈
通道添崗站　圍牆衛壘城　時時臨大敵　自爆客心驚

工商業標準化

工商進步依規律　好比行星繞日行　編號衣鞋工廠製　規模軟件視窗生
飛機產線施裝配　零件他鄉照樣成　省事節時謀準則　微分疊積可權衡

龍捲風

閃電雷聲裂　遮天掩日來　垂雲羊角銳　著地屋基開
當道夷荒地　經途鏟草萊　旋風龍捲吸　警報笛聲哀

南極出現臭氧層洞

南極上空開大洞　高層臭氧逸消亡　毒光直射生癌病　人類遭殃怨太陽

二〇〇四年中秋有感

淡淡銀河星閃閃　中秋滿月一輪圓　分明四海昇平日　仍有煙升火熾天

再生木

再生枯樹又逢春　羨煞旁觀一老人　落齒稀疏精氣弱　向陽茂盛葉根伸

喃喃雜語思前事　颯颯風聲劫後塵　騷客常言秋意好　增添古木萬年身

國際郵件慢如牛

外邦信件慢如牛　航寄時常過二週　借口保安開拆信　有辭機密檢查郵

如今電訊同光速　昔日規章隔代溝　落伍迎頭須趕上　官衙也應作新猷

二〇〇四年兒孫自加州來祝壽

奶奶公公八十春　容光煥發笑頻頻　兒孫遠道來恭賀　松柏長青百歲身

美國百年前西部鄉村

風輕野曠白雲飈　處處牛群點點黃　兩兩三三分族屬　千千萬萬漫村疆

或眠或食成圖畫　時立時行入大荒　綠意春情天趣也　賞心悅目太平鄉

鑽石戒指

鑽石本身爲碳質　驟逢高壓變稀珍　開採礦石南非富　壟斷商場地碧困（一）
切割加工皮屑去　磨光鑲嵌寶鈿陳　情堅好比金剛固　繞指婚盟兩姓親

註：（一）地碧乃英國 De Beers Consolidated Mines, LTD. 該公司控制世界鑽石市場。

匆匆

匆匆來也去匆匆　大道飛車夜半紅　寶貴油源終有盡　百年之後少交通

驟雨打芭蕉

驟雨打芭蕉　風吹綠扇搖　瀟瀟驚好夢　葉底覆眠貓

明月

天高明月亮　夜起不須燈　只是光嫌暗　不如曉日升

解開心裏結

解開心裏結　嬉笑度餘年　煩惱須拋棄　勤勞整夜眠

中美風情

共和五族說中華　文化多元美國誇　黑白東西岐趣集（一）　南腔北調一盤沙（二）
人稠地廣煙塵重　物富民康雨水嘉　渡海飄洋僑跡廣　金元美鈔好豪奢

註：（一）美國國民中，黑人，白人，東方人，西方人興趣各異，合作相處。
（二）中國語言，素稱南腔北調，有一盤散沙之譏。

種韭記

間日施牛糞　雨淋要太陽　辛勤除雜草　但見韭芽昂

雪　夜

水銀瀉地月生涼　地老天荒淚眼光　雪地冰封多冷意　蒼蒼夜色歎傷亡

徐娘歎

月照櫻唇顏色淡　風吹花簇夜生涼　露寒佇立中宵短　吐艷曦光滿地霜

墳　場

星光閃閃市燈明　滿月無聲照冢塋　何處琴歌驚好夢　依稀笑面抱相迎

秋　意

近水樓台樹　秋光照落楓　晚霞多燦爛　鴉噪夕陽紅

黃毛狗（一）

丹心大耳黃毛狗　同出同回伴主遊　車毀人傷推不醒　林深坡陡抓無休
跛行半喘奔歸急　四足全傷住處投　招到鄰人來禍地　及時救助解危憂

註：（一）二〇〇五年十一月三日見電視新聞廣播。有黃毛犬一隻，隨主出行，翻車山坡下。主人當時昏迷不醒。賴狗爬上山坡，招來鄰人，及時救起，幸免於難。

深秋即景

一夜風和雨　窗前落葉紅　籬邊殘菊舞　猶自抗秋風

伊甸園

伊甸園中尊上帝　世間獅吼鬼魔多　奔行到處搜人噬　向道心誠不起波

平　安

小鳥酣眠險惡多　營巢山峽樹攀坡　風狂雨急枝條弱　無慮安心日夜過

萍　蹤

萍蹤無定處　隨水逐波流　浪簸深秋實　東西到處遊

回國行（二〇〇五年秋）

江湖落魄退休輕　無奈高年跨海行　五十年來家國夢　八千里路月華明

焚鼠記

有鼠遭人捕　遙投赤焰中　焚身皮肉苦　浴火尾毛紅

奪命尋藏處　鑽縫入窟窿　燒窩非本意　畜類乏明聰

註：二〇〇六年一月九日西雅圖郵報載：在美國新墨西哥州，盛來堡（Fort Summer）有一位八十一歲老翁，名（Luciano Mares），在家中捕捉到一隻老鼠。正好他看到外面在燒樹葉。因此他將該鼠投入火中。老鼠混身是火，返回鑽入家中木窗下。老人眼看火勢蔓延，將他的住宅燒光。

二〇〇六年新奧爾良城嘉年華會

滿目瘡痍風暴後　嘉年華會早迎春　游行歌舞仍依舊　只是歡聲少老人

註：新奧爾良城經去年颶風卡區娜（Katrina）侵襲後，據西華報二千零六年二月廿五日報導，約有二千人死亡。其中三分之二的罹難者是六十歲以上的老者。

無人飛機

機上無人冒險多　遙遙操作越山河　盤旋轉折鷹揚舞　低吼高飛鶴警歌
突現敵軍兵似蟻　往來炮火織如梭　油箱遭擊光煙艷　爆炸聲消不見呵

註：二〇〇六年五月八日西雅圖郵報載：原位飛機公司（The Insitu Group），製造視鷹（ScanEagle）無人飛機，售價十萬元，可連續飛行十五小時。飛行設計壽命為二千小時。該機因擔任軍事任務，使用壽命從未越過二千小時。

老人病患

病患輕微容易治　丹丸藥物價高昂　老人保險西方好　小疾如今反上揚

七夕僑情

北斗七星三四點　牛郎織女鵲橋牽　何年可與妻兒聚　不羨鴛鴦只羨仙

春寒（二〇〇六年）

罡風改道極圈來　朔氣春寒蕾半開　芻狗不知天地意　貧民慄慄畏寒哀

詠　春

又見祥光次第開　歌聲婉轉醒眠獃
翩翩舞蝶因風展　春色青青待剪裁

少算無憂（一）

空頭政客開支票　競選時稱福利謀
升斗小民多聽信　債台高築不愁憂
今朝有酒杯盤盡　他日無糧府院求
碌碌無須資產積　庸庸腦滿算錢休

註：（一）二〇〇六年四月六日西雅圖郵報載：美國聯準會主席布蘭開（Ben Bernanke）說，美國老幼財務知識的能力是未來國家經濟重大的課題。

秋　夜

寒星點點故園秋　細瘦娥眉似婉柔
最惱驕陽炎火毒　夜深人靜憶鄉愁

日俄石油交易有感（二〇〇六年）

與虎謀皮日近西　農耕地寡稻田梯
資源貧瘠他鄉購　貿易繁忙汽笛嘶
聚款如山金屋滿　投資本土息錢低
遙遙油路重洋遠　隔海聯俄拍合迷

聖誕老人

耶穌生日臨佳節　鹿橇拖來聖誕公
冰雪載途心意暖　兒童拆禮笑融融

聖誕即景

一年未了又冬風　葉放花開聖誕紅
點點明燈簷下掛　家家戶戶閃霓虹

節與燈依舊

節與燈依舊　光陰增我壽　年年歲末時　聖誕宵如晝

未來歎

大海成污海　汪洋是死洋　天空無鳥雀　地上失豺狼
水裏魚蝦死　園中蝶蟻亡　新興人用品　毒重物遭殃

垃圾桶

垃圾家家有　天天棄物多　陳霉菌會聚　碎屑鼠張羅
腐臭蒼蠅集　污腥螞蟻窠　病原從此起　桶蓋敞開呵

冷氣機

火上加油冷氣機　人工瑰寶禦炎威　多家室內清涼爽　戸外溫升汗雨揮

洗衣粉

白粉洗衣良　機中濯舊裳　人人稱便利　戸戸省時光
廢水傷生命　浮魚暴死亡　化工生產物　水族每遭殃

環保歎

工廠如林立　煙灰廢物多　機車群似蟻　汽艇織如梭
江面污油染　空中臭氣窩　時時酸雨落　禍水死青禾

太平洋逐漸酸化有感

天公嫉妒人間福　酸化汪洋餓死魚　民主只知爭選票　子孫災禍步徐徐

註：二〇〇六年三月卅一日西雅圖郵報載：最新研究報導，全球過量二氧化碳氣已使太平洋酸化增加，水中氧氣減少。大魚中鯨魚蛙魚等將因食物減少餓死。據研究船測量報告：太平洋海水酸素已由 PH 8 降低了 0.025 單位，影響浮游生物的生存，將減少魚類的食物。

落　葉

落葉樹知秋　山深細水流　鴉飛尋伴集　聒噪立枝頭

憶度假歸來

千里歸來憶舊遊　雄奇山水眼中收　翻山越嶺探奇境　海色波光碧影浮

英倫三島

英倫何故稱三島　種族風情有不同　邦國已無疆界隔　舞裝依舊笛聲融

大英帝國

太陽有伴行星繞　帝國分邦紐澳嬰　皇號虛尊無實職　同文同種結同盟

二〇〇六年五月廿七日華聲社京劇演記

（一）拾玉鐲

豆蔻年華孫玉姣　穿針引線情絲攬　伶牙俐齒老媒婆　玉鐲姻緣說合巧

(二) 羅成叫關

金君七八武生裝　武藝高強七尺槍　父子相逢城緊閉　血書上達睿秦王

(三) 二進宮

萬曆沖齡帝位危　太師篡亂宮廷萎　艷妃泣說徐楊助　進爵加官穩國基

太空船

星路茫茫遠　孤舟背日航　蜉蝣生命短　宇宙廣無疆

藥廠醫生

藥廠醫生本一家　登門老病苦悲嗟　匆匆聽罷開方案　葯力高強費用奢

對　偶

酸鹼調和化性中　陰陽交感疾雷隆　無情水火飛灰滅　正負相儲電腦通

急　事

急事常須靠己身　不能處處賴他人　平心靜氣通盤計　下手徐徐廣問詢

末日時鐘

末日時鐘針漸近　全球核子戰爭惶　強權應棄強權杖　節儉收心少擴張

註：世界科學家們因恐懼核子戰爭，創末日時鐘，定十二點正，為國際間發生核子戰爭世界毀滅的時間。

人造物

天地育人人造物　人憑才智作新猷　但求自我安舒適　毀滅全球競不休

安全社會

民不聊生偷殺搶　安全社會解錢囊　窮人不願翻生起　富戶無憂享樂鄉

逼上梁山（subprime 銀行放款有感）

小民無力還清債　債主提高利息錢　剝削層層將沒頂　梁山有路競爭先

井底之蛙

井底蛙鳴朗　和聲井上稀　緣因地氣暖　孤獨唱忘機

寒梅小鳥

柔枝幾點紅　出雪傲寒風　小鳥來相就　飢腸望遠空

液晶管燈具

液晶雙端管　螢光省電多　製成燈具用　高價久經磨

萬里歸來

萬里歸來依舊樣　近鄰大樹鋸枝光　秋深紅葉隨風轉　啄木消聲見太陽

北美龍捲風

北美山區兩岸行　中央平坦氣流長　薰風北上寒風接　冷氣南來暖氣藏
高處罡風東向烈　中州龍捲混滾揚　居民慣習狂風吼　未雨綢繆地室防

浮　根

浮萍飄泊遠　浪跡水天渾　留止隨時變　安居適處奔
同心交契友　並力互依存　奮鬥無回顧　浮根勝祖根

西城時報

平林漠漠煙如織　萬里長空耀日華　掌故詩書論畫藝　西城時報祖輝誇

註：西城時報主筆文燦先生，筆名平林。總編輯，鄧日華先生。社長，任祖輝先生。

美國公司法

難行腐朽公司法　百載金融海嘯來　股票市場清制缺　投資小户意心灰
元戎總統低薪餉　首要龍頭獎俸財　十萬股東沙一撮　腹心董事會中抬

初秋偶發（二〇〇八年十月初）

秋來風景異　紅葉比花妍　昨夜狂風雨　青黃織錦氈

規　律

規律何曾縛自由　短章立憲制長謀　如今雖說尊民主　新法年年改舊猷

電　子

微微稱電子　肉眼豈能識　圍繞核心旋　全憑相吸力

阿巴馬東方鄉土

東西阿巴馬　人地隔重洋　交往煩魚雁　深情款款長

星月交輝

繁星炊食孤燈暗　草腐天河聚化螢　餐罷風清窺桂魄　清輪三轉月方盈

秋　思

黃花蕭瑟滅秋容　閉户幽居意轉重　世事紛紜多變化　冬來雨雪又冰封

竊國成群

竊國成群竊户囚　人心世道歎悠悠　兵強國富稱民主　志壯情豪說自由
貧儉小民生計迫　名揚首要富豪遊　結交政閥通天路　失職加薪笑不羞

貪婪

當鋪銀行比並開　賭場股市引人來　維加紐約畸形色　心有貪婪世世災

註：西雅圖西城時報二千零九年九月十日載：美國聯邦儲備局前主席格林斯潘稱「人類的貪婪本性將令另一場全球金融危機無可避免。」他認為金融機構和政府應努力遏止欺詐行為。

遠望

遠望羣山翠色濃　秋來陰雨意重重　鄰家黃菊凋零散　尊札飛來快拆封

酬廖東周處長農曆己丑年元日賀聯（一）

麗日長雲開國運　和風福氣泛僑心　潮平兩岸交親近（二）　風正一帆共濟尋
擊楫中流華夏振　聞雞起舞七洋欽　鄭和後繼征塵遠　曲海高山絜引臨

註：（一）二〇〇九年一月二十二日，中華民國駐西雅圖臺北經濟文化辦事處有九十八年農曆己丑年元旦賀聯一則（引用在詩中首句及第二句），辭章優美，深合我心。因作詩酬謝。

（二）交親，作互相親近，友好往來解。

華埠吟

有水唐人集　棲身暫作家　勤勞原本性　幹練顯才華
忍讓鄰居喜　忠誠客戶誇　千秋華埠建　天外聚飛鴉

三、記事集

記事詩

大千世界事新陳　目睹身經字後人　詩句短長當日記　心聲一吐數言伸

一九八〇年聖海侖火山爆發記事二首

（一）山變形容改　隆丘陸續添　吼聲來地底　雷震爆峰尖
塵滾三州落（一）　巔崩百物淹　灰遮天日黑　人獸頓忘潛

（二）幽靈湖畔地　埋失守家翁（二）　鳥號天方曙　山崩吼正隆
柱煙沖昊漢　洪土沒林叢　記者貪奇景（三）　身亡錄像紅

註：（一）一九八〇年五月十八日晨聖海侖火山（Mount St. Helens）爆發後，火山灰吹到華盛頓，奧立岡，愛達荷三州。
（二）幽靈湖（Spirit Lake）畔有老人（Harry Truman）不肯離開，火山爆發後，人湖皆消失。
（三）某一新聞記者為了拍攝火山爆發時的情景留守山上。他死後，有人找到他留下的錄像帶，內有火山初爆時的實況。
（四）這二首詩合併後曾收集在拙作〈排律詩抄〉內。

公元二千年九月十一日紐約市双子樓世貿中心被炸記

双子刺高天　紅光乍見鮮　濃煙高處出　忽爾塌同眠

二〇〇一年僑美紀事（二〇〇一年十一月）

救火捐生面目非（一）　工停穀賤助錢稀（二）　蓋茲巨富財名首（三）　比爾群嬰氣息微（四）

民選法規新總統（五）　蟬聯人傑駱家輝（六）　炭疽世貿仇何自（七）　東發三軍憤劫機（八）

註：

（一）九一一世貿中心遭炸毀後，救火員死亡甚多。

（二）美國經濟下滑，工人失業者增多，鄉村農事蕭條，政府救濟金不足糊口。

（三）比爾蓋茲（Bill Gates），美國微軟公司創辦人。

（四）西雅圖當時有很多以前微軟公司高級人員，跳出微軟自創公司。這一批新創公司，被華爾街人士戲稱為比爾群嬰（Baby Bills）。

（五）二〇〇一年最高法院判定布希當選總統。

（六）駱家輝係當時華盛頓州州長，二〇〇一年蟬聯當選州長。

（七）世貿中心遭炸毀後，炭疽是指恐怖份子在信件中附寄炭疽菌至國會等處。

（八）二〇〇一年底美國出兵征討阿富汗。

中東恐怖份子有感（二〇〇二年一月）

中東不斷起狼煙　猶阿紛爭聖地天　累積冤仇千百載　循環報復好多年

兵家國事須人算　恐怖教條豈主詮　視死如歸愚眾勇　狡狐匿跡應長眠

二〇〇二年伊拉克局勢

細菌毒氣中程彈　薩達潛藏毀滅方　民主美人非好戰　財雄猶大舉刀鎗

制人先發兵家策　以逸待勞地利強　鷸蚌相爭漁者利　政經謀略費商量

以色列巴遊時事有感三首（二〇〇二年四月）

（一）以巴到處有悲歌　血肉殘軀夕照酡　坦克雞聲非啄食　敵無你我不知他

（二）猶阿千年並步行　聖城殘殺最無情　眼牙還報終須靜　主示何時可息兵

（三）強鄰佔我地　受害自悲傷　霸道何能久　豪橫不可長

人權非口號　正義會伸張　宗教如民主　無需武器揚

以巴時事（二〇〇二年五月四日）

阿土猶佔自治亡　海西聖地殺人場　教堂牆上蜂窩集　要道途中砲火揚

少女懷羞藏炸藥　嬰兒畏哭剝衣裳　飛機坦克兇如虎　黷武窮兵意氣狂

難民營－老婦（二〇〇二年五月）

記數當年屠殺日　今天重現難民營　殘肢斷腿屍猶暖　泣哭嘶聲目半盲

缺水無糧空口腹　坍垣塌屋葬童嬰　無能無處申冤恨　何不充當自爆兵

鮑卿中東行（二〇〇二年五月）

風塵僕僕一週行　勸解和談總不成　萬載冤仇增族恨　千年教訓助紛爭
將軍百戰輕言勇　首相三思再用兵　鵠面囚形飢不屈　侵佔懲暴應分明

自殺炸彈二首（二〇〇二年六月二十九日）

（一）螻蟻且貪身　何來自炸人　窮途多大勇　突爆最傷神
（二）螳臂當車不惜身　自殘軀體最傷神　仇強己弱親朋死　與敵偕亡仰聖真

中東局勢有感

中東財寶石油藏　種族紛爭跨國疆　聖地來回爭奪苦　阿猶同族宿仇長
中人望有調停策　敵我尋求導火方　咫尺天涯千里外　旁觀隔岸水茫茫

死　海

死海周圍古戰場　阿猶不斷動刀槍　冤仇纏結難分解　何日何年好協商

二〇〇三年春非典型肺炎肆虐記事三首

（一）病毒沙兒史　兇名四海知　源由中國發　疾播外洋危
四市多人死　全球萬者疑　無方難救治　醫護力心疲
（二）高溫咳嗽流行病　醫護人員側目驚　急急拆封懸口罩　匆匆記錄問來程
東方都市何曾過　香港京津有未行　暫入病房觀後果　隔離清掃履衣更
（三）非典肺炎傳布快　涕流咳嗽病遑遑　源自中國來加國　毒播東洋至西洋
八日速成離隔院　一年望有治療方　航行拒載高燒客　醫護時憂染疾亡

二〇〇二年美國經濟情形

低迷經濟似羊腸　升斗貧民最可傷　資短農夫停播種　事稀工匠賦閒場
盜財虛假公司首　欺騙謠傳獵者強　股市崎嶇金谷險　何時何日見康莊

二〇〇二年股市風暴

家居皇后斂財婆(一)　世訊虛贏帳有訛(二)　國會議員詢問細　安龍首要啞言多(三)
公司核對銷單據　財務虧盈可轉磨　養老投資生計失　惶惶終日似遭魔

註：（一）家居皇后（Martha Stewart），因非法賣股票獲利判刑。
（二）世訊（World Con..）總經理及總財務虛報贏利。
（三）安龍（Enron Corp.）公司首要對國會議員很多詢問，避不答覆。

公司作弊

公司虧蝕知人少　虛報盈餘季季隆　解雇低層稱緊縮　保留機要話豐功
稽查空設金元買　主簿搬移賬目空　首腦縱橫施術數　竅門種種顯神通

寫在伊拉克戰事前

生死存亡說用兵　懲頑驅暴順民情　氣吞牛斗聲威壯　無畏雄師武器精
寒暑陰陽時利計　令行兵發將權衡　我強彼弱毋輕敵　用間攻心遠國征

以色列殺害巴游有感

狗急無投會跳牆　人窮財迫可身戕　七擒七縱安邦策　何必殺人似虎狼

枴　仙（伊拉克戰事前有感）

跛足踦跂扶杖步　雲遊背負漆金壺　枴仙得伴行天下　靈狗牽衣去五湖
酒幟高飄揚大漠　革囊空盡念屠蘇　犬人相搏門牆外　彈指紅光醜類誅

伊拉克戰事結束有感二首

〔一〕火樹銀花天吐艷　飛機坦克迫危城　共和衛隊齊奔散　匪黨游民互劫爭
暴政獨裁難耐久　精誠團結易成行　但求從此烽煙熄　今後無聞戰鼓聲

〔二〕野火燒將熄　風吹燄又生　煙花千萬點　何處共和兵

回教恐怖份子

恐怖份子聲氣接　殺人自爆奮爭先　捐生斃敵愚民策　回教經文別有天

考瑞女士

猶佔阿土豺狼牧　開路機工拆屋忙　老弱婦孺聲啞泣　將軍總理面凝霜
生靈荼毒違天道　無故當誅作鬼亡　助幼扶殘人本性　可憐考瑞枉遭殃

註：考瑞（Rachel Corrie）女士乃華盛頓州長青大學高年級生，為和平運動往中東加薩地區保育阿拉伯兒童；於二〇〇三年三月十六日遭以色列軍用開路機碾斃，慘不忍睹。因作詩記之。

以色列總理夏戎應去職

國民無二等　奴隸有誰當　霸道何能久　強權豈會長
舊時宗教律　今日法規彰　屠殺違人道　夏戎心似狼＊

太空人登月記事（二〇〇三年作）

蟾魄荒涼生物絕　詩人臆說有瓊樓　嫦娥玉兔羞顏色　桂樹吳剛望影幽
神話傳聞虛事構　太空登月費時籌　揚旗插土無風立　探險還須著重裘

註：蟾魄，月亮的別名。

哥倫比亞太空梭失事記（二〇〇三年農曆元旦日）

哥倫比亞太空梭　載客回塵次數多　癸未初春元旦曉　千禧三載鳳城過
星槎爆散如飛羽　雲縷瀰茫似絳河　總統軍民悲痛惜　香花奠祭悼亡歌

動用退休金戶（二〇〇三年）

公司走下坡　物價上揚呵　昔日開支少　今年困窘多
工商遭陷滯(一)　我輩逼張羅　債款延期轉　生活苦日磨
加薪難再得　工作又增多　學費年年漲　房捐季季拖
退休留賬戶　救急刈青禾　老至無錢苦　思之喚奈何

註：（一）陷滯，郁結不通也。

二〇〇四年美國總統競選有感三首

（一）眾口紛紜聯合國(一)　因人成事豈良方　凱萊輕易言交卸　結束兵爭指日望

（二）避役逃徵當總統(二)　寄身國衛又何妨(三)　休兵參政除軍籍　開國規程載憲章
主帥無須精武事　元戎應有濟危方　紛紜世事誰能料　敵愾同仇止鬩牆

（三）凱萊聲勢壯　信口辨雄雌(四)　自滿輕然諾　公民信有疑

註：（一）二〇〇四年美國總統競選時，因伊拉克局勢惡化，候選人凱萊（John Kelly）攻擊布希總統失策。應將伊拉克交與聯合國處理。
（二）克靈頓總統曾因反對越南戰爭，往英國讀書，逃避兵役徵召。
（三）凱萊攻擊布希總統在服兵役時，僅參加海岸保衛隊（Coast Guard），未曾參與任何戰役。
（四）凱萊攻擊副總統錢尼有一位同性戀愛的女兒。

歡送駱家輝州長功成身退(一)

才賦凌雲志　功成野鶴身　八年州宰牧　惜別憶陽春

註：（一）二〇〇四年華盛頓州州長駱家輝，宣佈不再競選，選民多為之婉惜。

高山仰止(一)

常得輕雲伴　孤峰聳碧空　攀登千疊嶂　跨越百湍洪
曉日群山拱　天堂隱霧籠(二)　高山瞻仰止　別矣亙舒虹(三)

註：（一）這首惜別駱家輝州長的詩是以雷尼爾高山比喻駱州長在華州的聲譽。
（二）天堂（Paradise），山中地名。
（三）亙舒，謂橫空舒展。

山影時存腦幕中　偉人大略建豐功　抒情寫景傳佳話　二者詩源氣息通

高山仰止後記

華州實施初選制有感（二）

黨選民初選　常人不易知　寄來雙語冊　瑣碎句文疑

註：（一）二〇〇四年華盛頓州實施初選制，選民初選時，規定需要登記隸屬何黨。選民多有反感。

二〇〇四年華盛頓州州長選舉記事（二）

州長屬誰何　差微未定呵　選民秋水望　無奈法婆娑

註：（一）二〇〇四年華盛頓州州長選舉，民主黨候選人格里高爾（Chris Gregoire）與共和黨候選人柔西（Dino Rossi）票數相差甚微。初為格里高爾領先。經複查後，則為柔西領先。後民主黨控訴。經人工複查，則民主黨人領先。於是格里高爾女士當選為州長。但共和黨控告選舉有非法情形。迄至二千零五年六月，柔西撤回訴訟而止。

二〇〇四年華盛頓州發現死人投選票有感

死人投選票　陰世說荒唐　鬼域無民主　閻王有罰章

二〇〇四年台灣選舉有感

爆竹聲喧夾彈揚　雙雙總統受微傷　陽謀陰算皆中的　扁腹蓮心苦計良

二〇〇五年二月廿二日西雅圖時報載華州囚犯投選票記事

囚犯褫公權　獄中難見天　何能投選票　怪事報章宣

二〇〇四年初美軍囚牢虐俘記事

赤裸見真情　羔羊落虎營　虐俘違法度　莠草應鋤清

讀西雅圖郵報「忽然有病」篇後二首（Suddenly Sick, 6-26, 2005.）

（一）世衛改規章　醫生業務忙　常人生惡疾　病者失神傷
子女心焦急　丹丸手抖嘗　沉痾無日好　藥物滿房床

（二）血壓本如常　輕鬆免藥嘗　醫生完檢驗　病患結愁腸
新藥須長服　沉痾阻擴張　耗財生計蹙　費用太高昂

二〇〇五年申報個人所得稅有感

加減乘除依表格　規章瑣屑轉陀螺　年年立法新猷集　絮絮條文補綻多
大眾難循文艱澀　小民不解律煩苛　開明稅局專人助　電腦相幫少有訛

二〇〇五年六月即景

應是炎炎六月天　陰霾冷濕總纏綿　寒流高處催雲至　朔氣低空細雨連
飛絮飄揚敷雪道　凝煙瀰漫罩松巔　放晴何日郊遊好　上道逍遙趁早眠

倫敦公車系統被炸記（二〇〇五年七月七日）

公車炸毀傷亡眾　魔鬼潛藏定計謀　多處交通同日爆　八強經濟會盟籌
保安警察多防範　惡毒兇徒不罷休　美雨歐風飄未息　小民驚懼恨愁憂

註：二〇〇五年七月七日，八強正在英國倫敦召開經濟會議。暴徒炸毀倫敦市區多處公共汽車，驚動世界。

二〇〇五年十一月美國聯邦政府新頒老人藥品保險有感

劫取張三輸李四　老人藥保月錢翹（一）　聯邦貼補貧民缺　白首超支緊腹憔
費近五千私款涸（二）　久懷二豎黯魂銷　愛民福利稱良政　半數耆年拒受招（三）

註：（一）藥品每月保險費是$32.2元，每年需付$386.4元。
（二）葯品費用在$5,100元的病人需付$3,600元，加上每年月費，共需三千九百八十六元四角。
（三）藥品保險將於二千零六年五月十五日結束登記，現仍有半數有資格的老人尚未登記。

美國聯邦政府二〇〇五年十一月新頒老人藥品保險計算法：

一、政府應付的部分＝病人所付年會，　0.75xX＝386.4，　X＝515.2
二、因為病人已付$250的藥錢費用，而政府沒有付。因此藥錢達到250+515.2＝765.2元時，政府正好收支相等。超過此數，政府要貼錢。如在此數之下，政府便會賺錢。
三、藥費在$2,250時，政府要付出：（2250-765.2）x0.75＝1113.6
四、藥費在二千元時，政府要付出：（2000-765.2）x0.75＝926.1
五、藥費在五百元時，政府要賺：（765.2-500）x0.75＝198.9
六、藥費在二百五十元以下時，政府要賺：（765.2-250）x0.75＝386.4

溫布頓網球賽準后座之爭（二〇〇五年六月卅日）

英倫草地聽狼嗥　黑白雙姝隔網嘈　敵手開球攻勢猛　對方攔接待機撈
嬌容俄女刁鑽潑　沉著維廉技藝高　鬥智鬥心全力付　二場勝負決雌豪

註：今年英倫草地網球賽中，以 Venus Williams vs Maria Sharapova 一場，最為精采。Maria Sharapova 係去年女子冠軍，Williams 姊妹年前曾多次獲溫布頓網球賽女子冠軍。雙方身手敏捷，球藝超群。擊球時大聲呼叫，以壯聲勢，動人心弦。特以詩記之。

日韓竹獨島之爭二首（一）

（一）日竹韓稱獨　海中高石矗　彈丸一島礁　對馬雙鄰逐
（二）島根尊竹島　海峽起紛爭　對馬風雲惡　孤礁石骨清
南韓稱管治　日本未經營　宿敵多年恨　近鄰那有情

註：（一）日本與南韓間對馬海峽中有一小島，日人稱竹島，南韓稱為獨島。目前由南韓控制。但日人認為應屬日本。二〇〇四年日本島根縣議會指定二月廿二日為竹島日。遭到南韓抗議及人民示威，紛爭加劇。因作詩紀之。

台聯黨魁參拜日本靖國神社有感

一表中華七尺軀　拜倭拜寇作癡愚　躬身屈膝卑顏色　稱姪稱兒歲賂輸

預防禽流感冒記事（二〇〇五年秋）

道高一尺魔高丈　流感殃人世界惶　臆說家禽傳鳥病　廣聞屯藥儈商房
疫苗製發優先列　醫院張羅應變方　鴨鴿雞鵝千萬斬　爲防蔓衍免災殃

迎胡錦濤主席訪美二首（二〇〇六年四月）

（一）水利是專家　辛勤治國誇　低姿崇務實　團結建中華
（二）清廉形像數胡公　儒雅雍容命世雄　繼往開來無頓挫　下情上達及時通
同心協力中華建　眾望齊歡黨國融　公益城鄉多建樹　年年雀躍稻粱豐

二〇〇六年四月中國國家主席胡錦濤來華州盛況記事

匆匆二日過西城　僕僕風塵氣宇清　微軟波音人踵接　空青水色月華明
唐人街上迎幡展　埃佛餐廳出語驚　盛況空前僑客喜　名州聚會隔年英

聆布希總統在國務部演講（二〇〇六年八月十四日）

韓戰穿崩紙虎泥（一）　越南撤退雨淒淒　如今古調彈新曲　威懾回疆語句犀

註：（一）穿崩，方言。作戳穿解。泥，塗飾之義。蜀人謂糊窗，作泥窗。

9/11 五週年紀念

血淚斑斑已五年　清晨屢憶世樓煙　國防大廈摧星角（一）　機客賓州勇鬥天
合作通情尋隱敵　異論戰費痛輸錢（二）　回疆禍首猶藏匿　恐怖時時覓隙延

註：（一）摧折，毀壞意。國防部大廈係五角大樓，恐怖份子劫機僅炸毀大廈一部分。
（二）輸錢，輸送錢也。

二〇〇七年春初病記

度日如年病榻中　纏綿陰雨暗濛濛　枝頭雀躍晴光好　又見櫻花漸放紅

二〇〇七年四月二十八日郊遊記

陰雨纏綿四月中　雲開氣爽艷陽紅　遊人道遠私車集　動物園中野獸豐
稚虎明星觀客眾　麒麟長頸頂天崇　昆安山頂春光媚　碧海青天翠島蔥

暖化全球有感

太平洋上氣温高　旱澇災增勝昔遭　極地冰融分塊裂　沙洲雨缺載駝逃
夏炎熱火農工苦　秋水汪洋稻穀撈　沿海城鄉成澤國　百年之後一團糟

慶祝香港收回十年（二〇〇七年八月）

失土歸還已十年　繁榮港九勝從前　鄧公明智衡情勢　遠矚高瞻二制聯

二〇〇七年十一月十二日西雅圖風暴記

風暴提前菊未凋　無邊落木下蕭蕭　松杉折斷枝身倒　屋毀人傷急雨囂

二〇〇七年聖地牙哥大火記

聖地牙哥海映紅　金星飛舞染林楓　狂風西向連天捲　山頂濃煙下現虹

二〇〇八年二月大雨記

傾盆大雨夜深來　電泵隆隆鬧聲哀　早起出門天苦雨　清晨鄰舍水浸台
垂簷瀑布嘩嘩下　車道成河漾漾開　抽水四時方退去　筋疲力盡救鄰災

二〇〇八年四月十九日大雪記

大雪紛飛穀雨天　交通阻塞苦難前　異常氣候因人造　蓄縮蜂藏反自然

神舟七號升空記（二〇〇八年十月）

火箭升空曳尾長　神舟七號達天疆　中華兒女齊恭賀　將訪嫦娥入月鄉

二〇〇八年十二月西雅圖區初雪酷寒記

節氣時逢大雪天　冰瑩路滑步難前　勸君莫往商場顧　高臥吟床擁被眠

註：（一）公元二〇〇八年西雅圖區自十二月十三日起因來自加拿大冷氣團侵襲。初雪酷寒連續二星期。
依照農歷時令，正值大雪節氣期中。

二〇〇九年一月十五日美國航空公司班機降落赫德遜河記事

日中電視爆新聞　驟見飛機臥水沄　船艇旁停持護集　多人佇立望援懃
飛禽吸入雙機毀　駕駛精專避火焚　降落江河災禍小　傷亡輕減眾歡欣

二〇〇九年四月

大雪紛飛四月天　愚人節示好豐年　天公降懲螟蝗死　春日銷沉朔氣纏
菜圃轉晴爭綠意　百花得暖鬥鮮妍　風霜但願從今息　地利人和國事先

二〇〇九年九月太平洋區諸島天災記

地震颱風海嘯來　太平洋上哭聲哀　薩摩亞島多村没　菲律賓都百萬頹
呂宋巴東傷害眾　蘇門答臘後遺災　台灣八八風災後　芭瑪提防百姓咍

下馬高官（二〇〇九年八月）

無憑無據攻詆易　下馬高官入獄聞　政黨同宗非宿敵　億民並力郁清芬
國家制度規章訂　司法無情鉄面熏　依仗外邦通款曲　喪心狂妄夢醺醺

秋雨初雪（二〇〇九年九月）

幾張黃葉過中秋　震怒天公汗雨流　可惱人間增廢氣　讓他風雪漫中州

二〇〇九年感恩節

感恩佳節火雞囂　風暴連綿雨未消　黃葉因風鋪滿地　心情不定異鄉僑

二〇〇九年聖誕節

一年一度又冬風　好好商場聖誕公　户户繩燈簷下掛　兒童歡樂笑聲隆

南極張氏峰命名五十週年慶

晶瑩南極地　靜潔巨冰倉　地軸傾斜轉(一)　天分晝夜長
浮冰山影動　海峽霧迷茫　銀箭鯨噴灑　洲緣鳥聚翔
企鵝君子步　海狗睡仙囊　內陸均溫降　狂風夾雪揚
太陽添黑子　極夜幻弧光　歙縣登臨客　南天上險岡
國旗飄淨土　白日照寒疆　南極星光老(二)　中華國運昌
磁場強度測　地殼內心量　一載光陰速　層齡記事詳
高峯留姓氏　圖誌記名張　千仞藍冰積　風流芊百芳

註：頃閱二〇〇九年十一月五日西城時報新聞載中國南極考察隊首遇冰山。回憶老友安徽歙縣張逢鏗先生於一九五八年參加美國南極研究計劃，同年十一月登陸南極，履行探測研究，於一九六零年三月完成離開。為期十五月，畢盡艱辛，轉瞬間已經五十年了。所得者為南極韋習山（Mt. Waesche）東南角二千九百廿尺高峯，當年由逢鏗兄繪測，乃命名為張氏峯。因作此詩留念。

（一）地球自轉的軸心與繞太陽公轉的平面不是垂直，有傾斜度。因此產生兩極區長日與長夜的季節變化。

（二）南極星，世稱老人星。

海　盜

海盜橫行豈等閒　强權望虎坐歸山　回疆連結中東險　紅海通行狹隘灣
消息倫敦傳報遠　匪徒索馬掛繩攀　美輪路過船遭劫　小盜囚擒面笑顏
演習中俄軍艦去（一）　猖狂盜黨劫船還　海洋公法難規束　人貨拘留似草菅

註：（一）二〇〇九年十月中俄軍艦在非州索馬利亞海上海盜猖獗地區聯合演習完畢後不久，於同月十九日中國貨輪「德新海」號在印度洋被索馬利亞武裝海盜劫持。

銀行開當鋪

銀行開當鋪　契約騙無知　低息開端付　賒錢買屋資
後期增利率　轉借倍前規　反復循環久　頹唐瘦弱痿
張羅親屬處　碰壁友朋嗤　拍賣標低價　遷移迫促隨

千禧庚寅新年團拜記盛（二〇一〇年二月）

爆竹聲中迎虎歲　新春團拜喜紛紛　高賓祝賀新年樂　親友交歡趣語欣
金嗓民歌雲雀降　春聯巨筆四家文　古箏曲唱抽籤獎　忙碌希文主事勤

二〇一〇年元月海地地震記

椰雨蕉風熱帶區　二邦一島色膚殊　連年風暴循常過　百載貧民出外圖
元月新年新氣象　驚心地震地踟躕　高樓大厦殘垣裂　總統衙門曲折齬
屋倒居民房下困　牆翻傷者哭聲枯　缺糧缺水羣飢渴　謀救謀生國協呼
搶劫維生無法制　搜尋攫食現通衢　貨車抵達追車後　强者爭前病者無
空地臨時棚帳架　醫家急救解懸壺　親人埋地兒童哭　老婦歌聲救者愉
世界友邦忙救助　近鄰美國急持扶　機場擁擠來醫護　港口繁忙卸急需
捐款源源援不斷　死屍處處望能穌　家園重整何年起　老幼無依滿地蕪

註：二〇一〇年元月十二日加勒濱海小國海地發生七級大地震，首府太子港房屋倒塌甚多，災民因不及逃出，很多人陷於頹牆倒屋中。傷者待救，亡者待挖待葬。總統府亦歪斜半毀。港口及機場設備毀壞，水電公用事業停頓。倖存災民，缺粮缺水，難以為生，搶劫爭奪，比比皆是。首都如此，鄉村更壞。救傷人員在太子港天主教堂附近廢墟中掘出尚存老婦，她在重睹天日后，居然開口唱歌。聯合國呼籲救濟，世界各國響應。鄰邦美國，更大力相助。立即派出專機載送救護器材醫護人員，警犬等。並派軍警維持秩序。紅十字會及歌星等更積極捐款。奥巴馬總統並邀請前總統布希及克林頓相助，參加救援工作。中國，日本及台灣皆遣使贈送救濟品及醫護人員參加。據估計地震遇難者介於十萬至卄萬，目前已知七萬五千人死亡，約二十五萬人受傷，超過一百萬人無家可歸。四十三家國際搜索隊員中，美國超過五百名，救出三十九人，其他國際救援隊救出七十三人。

二〇一〇年年初地震記

地震頻繁海嘯驚　洋深板塊吼啼鳴　新年一月中旬起　海地冲繩智利萌
小國人稠亡者眾　南邦地廣死傷輕　天災處理依人事　應變時時合力撐

二〇一〇年二月美國華盛頓州

聖嬰現象春來早　霜雪珍奇草色鮮　和暖三冬風習習　櫻紅吐蕊鬱金先

孽根賭性

人人皆有孽根藏　華爾街頭誘有方　信託銀行資訊速　公司股票售銷忙
精專分析優先告　聯網投資獲利良　流動低波先手購　高峯陡漲及時颺
引人入勝投機易　勝者爲王旨酒嘗　整日昏沉思好運　全天默守望禎祥
初生之犢前蹄陷　老蚌懷珠轉手亡　最苦中堅忙碌眾　家私積蓄賭輸光（一）

註：（一）家私，家產，家財。

華爾街頭

華爾街頭大賭場　維加遜色美名彰　銀行信託公司眾　資訊靈通世事詳
管理經營高評價　安全保證好規章　佣金酬報些微少　買賣成交迅捷良
解釋精專詳盡示　線波流動顯開揚　公司景美高希望　股票風馳惑乳羊

債劵安排盈利好　市場分析理由當　投資染上投機癮　賭客常來賭局坊
電腦周游消息快　財神鋪路順風翔　良機策劃精心算　技藝高明手法强
招往招來招主雇　或乂或釣或羅張　開户套上錢財託　經紀刀懷袖裡藏
利息偏低全世界　日常支出減儲囊　老來晚景堪愁急　海嘯金融印鈔忙
貪慾原爲人本性　投機動聽客先嘗　紛紛謠諑移牆草　比比傷財怨虎倀
災禍全球因次貸　巨靈低首覓殘漿　鯨鯊吞飽魚群盡　財閥相煎賭客亡
謀利小民經洗劫　倚窗高職望流光　肉包入彀錢財托　有去無回入狗腸

註：美國聯邦儲備局前主席格林斯潘稱「人類的貪婪本性將令另一場全球金融危機無可避免。」他認為金融機構和政府應努力遏止欺詐行為。

跨國公司

十載開張新世紀　金融海嘯嘯難離　陳年腐朽公司法　法網偏私損國基
鼎足三分民主制　總裁獨斷股東萎　職工敝屣成工會　董事知交決事施
高職高薪無界限　股東股息似飛絲　要員要事相依偎　交易交遊巧諛詞
唯利是圖終老約　天文字數歲收期　巨頭領首謀私利　百足分紅獲棄枝
壓搾勞工工作棄　抗爭路口口忘飢　推來推去無肩胛　誇大誇張刮地皮

欺騙無知施壓搾　投機取巧獵財資　常人正直無私詐　業務錙銖必較孜
專利偷抄隨便習　產權侵佔律法欺　獨裁領主公司制（一）　合併鯨鯤架屋支
搶奪市場爭顧主　虛誇財務巧言辭　翻雲覆雨逢迎貴　暮楚朝秦要職追
商業蕭條生意淡　員工解僱本金虧　總裁享用仍依舊　契約年薪不可移
首要忙於聞顯達　長官安樂勝雲麾（二）　專機駕駛全天候　住宅巡邏日夜隨
尾大脫韁干國策　財雄勾劃亂章規　韓非五蠹工商末　東印元凶毒害滋
維護聯邦權益讜　欺凌弱國動兵危　强權世界無公理　霸主前鋒跨國陲
雷曼衍生難救助　全球銷售不扶持　銀行業務蛇頭兩　貸款投資道路歧
州市無知簽契約　銀行獲利得高貲（三）　加州氐市員工抗　華爾街頭顯要頤
總統難扶州政緊　聯邦偏助巨靈馳　人民厭戰公司富　財閥專權百姓糜
平等人權皇室棄　尊卑主僕隸奴遺　公司職掌須分割　高職操勞應不私
歲末分紅宜普及　年終獎賞計功知　公平法律宜修正　各級人員笑面怡

註：（一）領主，封建時代受封在某地掌握政權及土地所有權者。
（二）雲麾，將軍名號。
（三）金融危機發生前，美國很多州，市政府和華爾街投資銀行簽訂利息互換（interest swap）的長期契約。用固定利率向銀行借款，銀行用浮動利率與州，市政府交易。金融危機後，浮動利率下降，州，市政府必須按照固定利率支付利息，否則要付巨額違約金。加州和其他各州，市政府套上高利率契約。以致財務窘困。底特律市因金融海嘯後信用評級降低，也得賠償高額違約金。

二〇一〇年二月美國東部大雪記

世紀初張記錄開　首都大雪百年魁
白宮添白銀裝艷　跑道停跑鉄鳥堆
林肯雪人堂下立　双睛銅幣白中瑰(一)
市場人滿爭先購　雞蛋橱空待後來(二)
積雪賓州逾丈許　高樓紐約雪中皚
交通樞紐風癱久　捷運機車路上獃
清道人員休息少　加油站隊怨空回
百年紀錄東部創　超級雪冰春夢哀*
多處私車埋日久　幾週冰鎖萬家唉
最糟停電人家苦　交迫飢寒屋裡頽

註：（一）林肯紀念堂下有人堆了一座雪人，双目用一分銅幣連綴而成。
（二）很多食物超市雞蛋賣光。

二〇一〇年五月六日道瓊斯股票指數下跌九九九點記

股票市場狂瀉下　俯衝轟炸急回升
七千萬萬元虧折　禍首難尋化氣蒸

註：二〇一〇年五月六日中午筆者外出回家，驚見道瓊斯股票指數下跌九百餘點，瞬間逐漸上升，數分鐘內回升五百餘點，駭人聽聞。

二〇一〇年六月記事

已是炎炎夏至天　低温記錄破年年(一)
春來少見陽光照　日漸加長蔓草牽
屢見新聞油井火　常觀海底湧流泉
紅紅紫紫污油迹　點點斑斑海岸邊
密密稠稠腥穢物　黏黏滴滴裏鵜涎
沙洲彩線塗脂染　海水揚波擴域延

噴發火山煙霧廣　飛行歐陸客商纏　翻飛龍捲俄州地(二)　驟發滂沱近市廛(三)
有幸山居空氣好　管他油水火災煎　世間少有平安土　讓你逍遙自在眠

註：（一）自二〇〇九年九月二十三日至二〇一〇年六月二十三日止華盛頓州西雅圖氣温未超過華氏寒暑表七十五度。
（二）六月六日，龍捲風侵襲俄亥俄州（Toledo）東南郊外造成百碼寬七哩長的災區。房屋及車輛飛散毀壞。
（三）六月九日，華盛頓州西雅圖市郊（Marysville）瑪麗威尔鎮一小時內降雨 1.58 吋。道路成河。

美式民主

民主非民主　銀錢是主人　輸金贏選舉　得勝謝高賓
公務還私欠　人情償助銀　國家財閥掌　立法暗中遵

今日美國（二〇一〇年六月）

資源浪用全球半(一)　人口奢華百五分　科技領先全世界　天災降禍不時聞
叢林工廠濃煙直　大道車龍曉日曛　經濟恐慌因次貸　工機難覓喪心羣
中州龍捲驚鳴笛　墨海油污擴播紋　大雨傾盆成澤國　田州積水怨氤氳(二)
如今世界無安土　何處邦鄉見瑞雲　與世無爭勤儉用　頻傳惡耗閉門耘

註：（一）二〇一〇年報導：美國人口僅佔全世界人口的 5%。耗費世界資源 50%。
（二）四月中，田納西州大雨，很多農田積水，公路中断。氤氳，迷茫貌，彌漫貌。

曲終人散

蹉跎忘歲月　歎息曲終悲　印紙稱金鈔　簽名卡借資
新奇時日有　騙術逐天奇　坐臥非容易　家居懼詐欺
可憐年老者　常作好人持　電話鈴常響　捐輸款不支
退休金凍結　零用費高移　利息年年降　儲存日日虧
臥床筋骨痛　病患力心疲　節省衣裳舊　昏沉耳目癡

四、慶誄酬和集

余與慧珠自大同大學畢業後，往台灣，在基隆水上飯店結婚，忽忽五十年矣。千禧年五月十六日。

金婚紀念

皓首金婚憶舊詞　千禧春暖育新思　校園鄰近同窗日　水上船中合巹時

二越重洋離邑遠　七遷喬木擇桐宜　螟蛉子女光門第　瓜瓞綿綿蔓萬枝

金婚謝客

新堡球場草色鮮　仲春遠眺碧連天　金婚戚友同恭賀　宴後呈詩謝客篇

鑽石婚自詠

華年双甲子　契合比金剛　白首同偕老　晚霞勝曙光

謝潘錫龍兄指導作詩

戶外窺班斧　縱橫八斗才　蒙君多指導　偃月撥雲開

酬謝錫龍兄和詩並祝眼病早日康復

陳王辭繡虎　拱手讓兄台　妙手施神術　光明即再來

羅宗爵博士九秩高壽誌喜

神農之後大專家　雙鳳一麟孝順誇　九秩遐齡松鶴壽　蟠桃會上賀聲譁

恭賀安第先生如君女士新婚誌喜

李家長女遇邱郎　紅線相牽越遠洋　鰈鰈鶼鶼恩愛老　同心協力勝金剛

恭賀沈德滋教授百歲大壽誌喜

高山輕靄繞　集句詩篇好　百歲老文星　蟠桃尊壽考

賀日皇添孫

衣冠盛事憶陶詩　正値麟孫誕日時　氣爽天高雛菊茂　悠然仁愛穩皇基

恭賀邱炳華兄嫂添孫

邱府獲麟孫　尼山出聖門　安琪兒下界　雛鳳百禽尊

恭賀黃仲俊兄八十高壽

明鏡高懸八十春　鰜鰜鰈鰈羨時人　雙麟足踏青雲好　么鳳心儀扁鵲真

孫稚吟詩心境樂　雲花烹飪海山珍　高檯麻雀排方陣　三角爭鋒少客賓

賀梅思庭先生九秩大慶

早年投筆去東方　娶得賢妻比孟光　九十高齡彭祖少　詩呈梅老壽無疆

賀袁家堯兄嫂金婚誌喜

相門深似海　中表效朱陳　負笈離中國　攜兒據要津
金婚親友賀　偕老百年春　蘭桂花環獻　香山迓遠賓

賀楊運生兄嫂鑽石婚誌喜

高齡大樹基　鑽石不稱奇　念念思往昔　依依總在玆
飄洋離寶島　旅美駐南陲　兒女堂前拜　百年攜手期

賀劉友林兄嫂金婚誌喜（二〇〇三年十二月十二日）

雲游仙子出三巴　驟見劉郎爆喜花　赤手空拳成大業　同心協力育新葩
雙麟近待高堂孝　一鳳東飛扁鵲誇　甜蜜金婚良日永　親朋滿座賀聲譁

恭賀簡志行兄嫂金婚誌喜（二〇〇四年三月七日於雲通嶺）

志行修謹慕蘭芝　君子好逑互護持　台大相逢驚艷喜　簡郎顧盼唱和癡
晚開半畝培花卉　新闢西華理肇基　麟鳳一雙賢子女　金婚吉夕飲瓊卮

恭賀廖魯剛伉儷鑽石婚之喜

寶鑽象情堅　迢迢六十年　環球尊鶴侶　比翼嘯雲穿

恭賀廖魯剛詩翁大老九五高壽三首（二〇〇六年作）

（一）九五尊高壽　蛾眉仰月融　鴛鴦湖水綠　彩色影搖紅

（二）九五尊廖老　新年賀吉祥　銀湖春色好　櫻蕾吐花昂

（三）春初將至賞櫻時　雀躍蠅飛繞樹枝　恭賀銀湖廖大老　今年九五好龍基

楊母沈太君百歲大壽誌喜四首（二〇〇四年六月十二日）

（一）白首層雲繞　高峰天外表　巍巍頂上松　一覽群山小

（二）人瑞日昇東　西城德澤隆　襄夫僑務牧　楊母世多崇

（三）人生七十古來稀　楊母如今百歲巍　育子襄夫才德好　西城常見白雲飛

（四）四世同堂篤信神　厚人克己一完人　勤誠節儉多勞動　翠柏經冬越百春

恭賀一新哥嫂喬遷之喜

美輪美奐美新居　花簇團團翠蓋舒　女孝婿賢孫近侍　全家歡笑望梅初

恭賀唐鈺芹大醫師退休紀念（二〇〇四年三月）

蕙質蘭心軼等倫　專家著手即成春　如今扁鵲歸盧去　湖上煙波世外身

賀陳樹潤兄嫂在二〇〇三年秋南加州大火中無恙

遠望紅光燭嶺巔　中宵收拾不能眠　衣裳用物裝箱入　契據文書整袋牽
緊急離家存妥處　匆忙速返盼災遷　焦煙刺鼻東風轉　喜見匡廬大好天

蔣夫人外交記盛

絕代風姿出會盟　才華辭藻動公卿　如簧美語深謀遠　舌劍唇槍抵萬兵

輓張學良先生詩二首（二〇〇一年）

（一）關東易幟附中央　孽子心期國運昌　嫡庶分軍輕智勇　倭夷屢寇逞強梁
八年抗戰思袍澤　五五幽居謝孟光　檀島香花何處遞　黃泉道上達天堂
（二）天驕少帥鎮東疆　豈戀明星棄瀋陽　綏靖外夷元首策　調停內敵一肩當
長囚枉法綱維失　抗日援朝國勢昂　恩怨是非遼鶴唳　白山黑水好花香

遼鶴唳

世紀老人張學良　少年得意氣揚揚　妻賢子孝朋儔擁　友愛家宜一荻襄
蹇運乖時因國事　修身養性讀神章　虔誠歸主升天去　何必勞心早歲殤

憶慈母

慈母樂天勤儉樸　持家育幼一肩挑　庭前造就羣兒立　異域居留二子僑

背井離鄉家破碎　喪夫失婿景飄搖
期頤四世鸞車輓　日落三春寸草憔

追悼二伯母

孟瀆安豐兩地誇　相夫育幼護新芽
松齡夕照巍巍木　鶴壽高瞻灼灼華
吐馥芝蘭香散遠　臨風玉樹籽飄遐
西去瑤池鸞車逝　寸草傷悲失晚霞

輓效芬妹

巾幗從軍膽識豪　重洋遠渡浪花滔
朱陳中表同心結　南北雙棲兩地勞
寶島沉痾春淡蕩　異邦安息雨蕭騷
芳魂歸主天堂遠　永別傷離慟哭號

輓環保大師沈鐸博士

鐸兄歸天國　我心常酸苦　憶昔同出遊　窮鄉探荒浦
分袂卅五年　猶思清言吐　環保中美通　市容仰台柱
春來病纏綿　多耐妻女撫　匆匆腦開刀　奈何庸醫魯
而今音容消　歎息亡舊雨　甲虫靜無聲（見註）　雲雀亦轉戶（見註）
情比親弟兄　勝如換蘭譜　何意匆促離　幽明異途踽
時時在黃昏　佇思西方土　亡友如有靈　請來夢中聚

註：沈家有甲虫車（Volkswagen, beetle），我家有雲雀車（Buick, Skylark）。

輓袁家堯兄

時聞喚袁哥　近鄰扶持多　敲門冬冬至　揮手大姊過
同事相結識　友好時琢磨　七一逢險惡　波音下山坡
赤紙如雪片　後先離巢窠　分手相見少　偶聚笑語呵
九一依女去　加州繞梁歌　思親常歸省　今春逢兇魔
小病醫術誤　臥床昏迷痾　從此歸天國　噩耗疑有訛

鄭羅侶琴女士安息

勞碌一生襄祝華＊　侍親撫幼德無涯　蒸蒸事業伊人渺　鶴駕仙踪日影遮

悼秀妹

秋悼昌哥冬哭妹　十旬手足兩凋零　經年寡姊傾囊助　千里京華侍嫂銘
兄老體衰蒙照拂　妹原身健望遐齡　驚聞駕鶴西天去　悲痛心傷淚不停

悼藍揚路加下士

寂寞空閨冷　孤衾念遠人　不知爭戰苦　華府報櫻春

羅公志希先生逝世四十週年紀念（二〇一〇年六月）

滕王閣序名千載　古郡南昌代有人　祖籍紹興官宰後　新潮北大醒獅呻
西方學院鵬棲息　五四高才鳳會頻　四海新朋論國事　三山至友廣傳薪
精研史哲中西冊　譯著叢書國內珍　中大清華名校掌　新疆青海牧邊民
玄奘印度求經早　大使羅公立館新　心影遊蹤霞客繼　蓼莪淚集孝思親

柳公子賢岳父大人逝世卅六年紀念（二〇一〇年六月）

少小離鄉辭故里　半工半讀入東吳　放洋北美俄州大　精習陶瓷返國圖
總理工程高職聘　泰山磚瓦彩花殊　還清債務經商業　自創公司辟萊蕪
工廠棧房窯灶建　華新產品譽名呼　南京官厦花磚砌　上海洋樓瓦色娛
福建浙江官府聘　蕭山二廠創新趨　柳公磚瓦名千古　嘉善人才縣志模

懷黑馬將軍徐樹錚

美人旖旎千絲髮　大將勳名十萬蹄　黑馬元戎文武允　智囊下令眾師齊

註：開始二句為徐將軍在筵席酒令「黑馬」中所作。

酬蔡啓超醫師

仁心仁術醫師好　華埠名人蔡啓超　來客病情詳細問　回家服藥睡通宵

敘香園

敘香園內菜肴香　日日高朋滿座嘗　濃郁蒸雲廚藝好　烹調美味易牙藏
杯盤狼藉齊稱好　眾口乾杯對舉觴　車輛喧囂人客滿　夜深散別眾聲揚

食得福酒家

佳肴食得齒留香　賓主交歡福澤長　碩正主廚廚藝好　余家糕點勸君嘗

贈朝岳保馨

坐看青山遠看雲　功成身退佛香薰　沙鷗起落千禽集　橋道紛紜萬蟻群
翠柏蒼松臨水色　芝蘭玉樹散芳芬　熱心公益捐資獻　朝岳保馨慈善聞＊

贈李福昌先生二首（二〇〇三年）

（一）一年又過一年春　八九如今少壯人　克己樂天天賜福　垂肩二耳百年身
（二）歲逾八十春秋盛　過了古稀十九年　口角春風留兩撇　九重天上萬重天

贈余光中（二〇〇三年）

屈子留陳跡　時人獨數君　余音猶唱晚　常賦海西雲

素嬋畫花

素手調丹墨　嬋娟筆意融　畫情鍾國色　花染紫黃紅

註：李素嬋女士擅丹青，精筆意，作畫能以情寓景，以筆寓意，她用所作的多幅牡丹畫縮印在聖誕卡封面上，允稱傑作，因作詩紀之。

贈晴園唐詩座談會

唐人士子重吟哦　絕律短長規則多＊
辭美意真音韻好　承先啓後鳳鳴和

勸雕蟲生先生不要封筆

朽木不容雕　蟲生濕土招
騙財時地有　何必掛心焦

敬和魯人（廖魯剛先生）「又是櫻花燦爛時」詩四首

（一）又是櫻花燦爛時　靚妝仙子出塵姿
輕雲遮道連天處　寄跡騷人不自持

（二）又是櫻花燦爛時　蜂忙雀躍繞嬌姿
春光十里亭園處　遊客喧囂不自持

（三）又是櫻花燦爛時　雲霞錦簇鬥春姿
風華絕世花飛處　仰慕芳容不自持

（四）又是櫻花燦爛時　詩翁垂老憶風姿
殘紅飄落歸根處　淚灑春泥不自持

敬謝詩翁魯人大家和韻二首

（一）連日風和雨　尊詩報載來
一新癡眼目　珠玉羨高才

（二）多謝大詩家　欣榮向晚花
神來仙聖筆　信手寫丹霞

酬詩人廖魯剛大家

銀湖水畔花　雲嶺土多沙
春溼綿綿雨　陽明灼灼華
丹紅常易見　粉白亦堪誇
詩意同心意　輕雲共彩霞

望春懷詩翁魯人大家

未逮殘冬盡　櫻紅已散花　雲山新綠滿　湖上望春霞

敬和魯人詩家三章

（一）去年花錦簇　今歲早陽春　老樹高枝廣　幽深昧旭晨
（二）龍馬精神九四尊　畫眉深淺入時論　心寬節食多長壽　千載遙遙未眼昏
（三）雖說相交淺　往來詩句多＊　未曾謀見面　相識在詩歌

詩　郵

詩郵寄與務民知　尊作寓言成我詩＊　時過經年翻意苦　蜂飛蝶舞笑吾癡

商請司徒樹濃先生借韻

先生詩韻好　借用入吾詩　酬唱增詩趣　今人不易知

商請司徒樹濃先生和韻

元白酬和韻　嘉言後世聞　高人如閣下　可樂共論文

讀沈玉麟兄「曙光」詩文後

曙光星火暖　感謝沈兄情　北望西城遠　郵車代步行

謝玉麟詩

謝讀尊文絕妙辭　玉章高義引吾思
麟兄善用鍾王筆　詩好書狂送舊知

謝金雲詩宗贈我詩文

朽木雕梁粉飾牆　那堪值得貴詩揚
春霾新散花爭發　恭祝先生壽且康

步韻和金雲詩宗四首

（一）熟讀前人詩萬首　暢通聲律臆胸間
靈犀一現來佳句　四首瑤章待曉閒

（二）相知何必曾相見　華府櫻雲賞客新
老邁癡聾常假寐　詩聲喚起我精神

（三）開口漫談難抑止　未修博士缺錢文
搬來公式歐西術　留寄詩壇說笑聞

（四）中華藝理神而化　代有文章萬籟揚
集句酬和詩國寶　漫談近體醒頹唐

敬謝金雲先生贈「家鄉美景入夢來」畫幅

雲深高樹密　繞石水波清
故國桃源境　丹楓繫我情

送金雲先生庚寅年回國行（二〇一〇年二月）

嶺北紅梅臘月開　衡陽歸雁伴雲來
親朋踴躍機場接　握手言歡客面咍
短聚詩壇吟咏樂　閒談異國俗風詼
仲春蜂出時光好　匆促西飛念舊醅

多謝盛公樹森賜詩（二〇一〇年四月）

多情湘郢客　謝賞紫芝章　盛意衷心感　公餘雅素長
樹高羣鶴集　森峭眾鷹揚　賜我新聲韻　詩含百寶光

步盛公樹森原韻（二〇一〇年四月）

衡山天柱想登臨　滄浪漁歌感佩深　三户亡秦人念楚　半生異國老懷心
八千里路相和應　一片春明獻悃忱　多謝盛公新賜韵　青山雲樹放歌吟

鑽石婚紀念

鑽石耀情天　双飛六十年　聯姻花甲子　攜手共心弦
艱苦同鋤地　辛勞數度遷　猶兒皆立業　白首寫吟箋

五、混沌集

波音飛機簡介

波音公司創始人維廉波音（William E Boeing）於一九一六年成立太平洋航空產品公司（Pacific Aero Products Co.）製造飛機。該公司為波音公司之前身。第一架生產的飛機，稱青禽（Bluebird），第二架稱野鴨（Mallard），皆在一九一八年售與紐西蘭政府，作運載郵件之用。以後公司繼續研發製造軍用飛機，以戰鬥機聞名。在第二次世界大戰中，空中堡壘（B17 Flying fortress）及超級堡壘（B29 Super fortress）轟炸機，對盟邦獲勝，貢獻甚多。一九四二年，波音公司開始研發噴氣飛機，在軍事用途上以製造空中加油機 KC135A 開始。第一架噴氣民航客機七零七型於一九五八年正式飛行。奠定民航噴氣飛機商用基礎。以後再繼續開發七二七，完成於一九六三年；七三七，完成於一九六七年；七四七，完成於一九六九年；七五七，完成於一九八二年；七六七，完成於一九八二年；七七七，完成於一九九四年；等型民航客機。現在正開發七八七新型飛機。已經接收到訂單多架，於二〇一〇年試飛。

波音公司

十萬員工皆俊傑　波音標記盛名揚
飛機火箭成新寵　天上人間業務忙

波音飛機二首

（一）萬架飛機出產多　波音廠內織如梭
青禽野鴨攜郵件　戰鬥群鷹襲敵倭
七字民航商用式　B型轟炸凱旋歌
蒼天巨霸鵬難及　牛耳存危可奈何

（二）飛機製造萬工時　計劃圖謀定樣規
零件招標千處製　機身裝配百工施
就班按部連綿造　出廠離場試驗隨
銷售事先簽契約　到時交貨不延遲

波音客機

乘客登機悅　波音舉世聞
飛行舒適便　跨鶴逐流雲

波音公司首任總工程師王助記

波音喜建航空業　王助西來設計精
水上郵機青鳥速　海疆飛衛鳳雛鳴
一年勞績時辰短　五十簽書訂貨成
拒入試場軍令阻　楚材晉用昧干城

作者簡介

朱啓泰君，江蘇省東台縣人。朱府世代書香。朱君幼年熟讀四書五經，古文詩詞；及長又精研歷史，地理，科技，數學，成績斐然。一九四八年自大同大學電機系畢業後，因局勢動盪，隻身赴臺，執教於台北第一女中。後任職於高雄台聯電工廠與基隆港務局。一九五零年與大同大學工商管理系同學柳慧珠女士結婚。一九五七年取得美國密歇根大學碩士學位。先後在西屋波音等公司工作。一九七八年升任波音公司工程經理，主持七四七與七六七，二種飛機電子線路設計。所引進之青年工程師，皆經過他學術考選，爲波音公司，現在新進人員考試制度之先驅。他的部屬中有很多外籍移民。亞，歐，非，美，白，黃，黑，各種民族。上級戲稱爲小聯合國。迄至一九九一年退休。

公元二千年兒女爲他們夫婦慶祝金婚，朱君一時高興，寫了一首金婚紀念詩。從此上了癮，陸陸續續的寫了很多首詩。舉凡風景，歷史，時事，科技，花草，魚蟲，環保，懷感皆有吟詠。他的詩經常登載在西雅圖西華報，西城時報，上海老年報，黃山求真學刊，及衡州詩詞。深得好評。

波音公司點滴：

小聯合國二首

（一）美亞歐非電路牽　人人踴躍競爭先　出身種族無分別　群策功成鳳嘯天（一）

（二）文化多元挽手牽　共同作業事爭先　口音混雜多詳問　聯合同心小有天

註：（一）鳳嘯天，形容飛機造成後長嘯登天。

授計促成婚姻二首

（一）越女癡情慕漢郎　男方父母不容商　問君得計成雙好　生子歸來喜氣揚

註：某一越南裔女工程師與另一華裔男工程師相戀，但遭男方家長堅拒，不允結親。問計于予。予建議他們往他處就職，自行結婚。數年後生子，予囑他們攜子回家拜見男方父母。全家遂和好相親。

（二）技佐暹羅訪女家　臨行歎息苦攀誇　但言經理爲華籍　知遇多年寵信加

註：日裔技佐往泰國拜訪女友父母求婚，擔心女家父母嫌他高攀。告予女家係富有華僑。予告以無慮，但說我的經理是華裔，待我很好。他們結婚後，發憤再求深造，並同年獲得碩士學位。邀予與吾妻參加他們的畢業典禮。

二燈串聯（試題之一）

百瓦串聯連十瓦　兩端接電二燈明　孰強孰暗難於答　直覺常猜百瓦贏

滿瓶不動半瓶搖

滿瓶不動半瓶搖　闊論高談意氣驕　大智潛心求學識　如愚下問避喧囂

註：某工程師有子在高中讀書。自詡成績優良，驕壓同學，某深憂之。予告以中國成語有滿瓶不動半瓶搖之說。某歸告其子。其子從此收斂，學業蒸蒸日上，終獲博士學位。

賀七八七新機處女飛行四首

（一）夢幻新機成事實　波音計劃已經年　外形婀娜輕靈捷　處女飛行鶴舞天

（二）七七新機八發型　美中吉數利財星　塑膠外壁燃油省　初次高飛讚不停

（三）七七新機美備型(一)　高空捷運賽流星　如今初試升空演　訂約公司喜不停

（四）七七新機本E型　東方顧主愛財星　諧音八發中華語　忙碌工房產不停

註：（一）美備，完美齊備。

二〇〇三年春分次日逢何愷青教授

八八華年發發春　厚人克己意諄諄　絃歌遠播回音廣　桃李芬芳百歲身

賀愷青大師九秩高壽（二〇〇四年六月十二日作）（一）

赤子丹心九秩春　樂天知命一完人　英才俊彥遊寰宇　道德文章傲俗塵

翰墨多臨行草帖　丹青獨慕板橋筠　循循善誘師名著　煦煦謙和壽者仁

小玉雙成尊首座(二)　親朋友好拜生辰　蟠桃會上群仙集　新雅樓頭百味陳(三)

註：（一）亡友何愷青教授，曾任台北師範學院，清華大學及美國華盛頓大學教授，著有「國學概論」，「月與燈依舊」，「新編俏皮話」等書。本人曾引用「新編俏皮話」書中十句話意，寫了十首詩。這一首詩是恭賀她九十歲生日所作。曾登載在拙作排律詩抄六十六頁。

（二）小玉，雙成，是王母娘娘二侍女。

（三）壽堂設在西雅圖華埠新雅飯店。

馬文山何愷青教授師生書法展覽誌慶

嶺梅郁郁湘妃竹　顏柳鍾王筆法融　骨固筋強龍舞沛　鐘銘鼎刻象形雄
魏碑篆隸專心習　行草真書運意通　翠葉因風花信好　蕾珠筍玉出門中

寫在何愷青大師追思會上

癸未八月十六日於華盛頓州

人生千載誰無死　卻有文章萬古存　月與燈光依舊在　俏皮歇後哭離魂

輓愷青大師

月與燈依舊　光從斑竹透　春來別故人　歇後千章授

俏皮詩話十則

引用俏皮話入詩

〔一〕千年通俗話　順口好文章　騷客詩中引　裁雲綴羽裳

日　記（往事如煙）

〔二〕雪泥留指爪　往事裊煙雯　日日匆匆記　星移過眼雲

拆穿西洋鏡（一文不値）

〔三〕稀奇寶鏡看稀奇　匣裡乾坤小洞窺　花卉美人圖似錦　拆穿原是把人欺

豺狼戴面具（人面獸心）

〔四〕狼心狗肺蛇蝨毒　刻薄陰刁作惡狂　假冒善人裝面具　溫柔笑臉語慈祥

翻不出如來佛掌心

〔五〕雲去雲來孫大聖　上天下海即時還　跟頭栽到撐天柱　未出如來掌指間

唱戲哭娘（假淚二行）

〔六〕台上裝模樣　雙流淚二行　傷心情意切　像是哭親娘

當了衣服買酒喝（顧嘴不顧身）

〔七〕常稱快活仙　囊盡拾榆錢　腹餓無饞慾　唇乾有涕漣
且將衣服當　好與酒娘纏　冬冷何由懼　裝熊可過年

長蛇吃扁擔（硬挺了）

〔八〕樵夫扁擔途中失　出洞長蛇獲食吞　直木入腸難屈曲　昂頭硬挺吐紅噴

矮子爬樓梯（步步高升）

〔九〕矮子雄心大　攀登寶塔樓　爬梯匆促步　達頂望封侯

狗咬呂洞賓（不識好人心）

〔十〕天上神仙呂洞賓　度人成道下凡塵　衣裳藍縷窮酸相　惡狗當門咬化身

註：近讀何愷青教授所著新編俏皮話。覺得很多我國常見的歇後語和俗語，深有詩意。靈感一到，隨筆記下。匆匆寫成日記，折穿西洋鏡，豺狼戴面具，翻不出如來佛掌心，唱戲哭娘，當了衣服買酒喝，長蛇吃扁擔，矮子爬樓梯，和狗咬呂洞賓這幾首。

夢裡不知身是客四首

（一）後主倉黃辭廟日　登途灑淚別宮娥　茫茫宋地前程遠　越嶺翻山可奈何

（二）夢裡不知身是客　兒童繞室笑言頻　姓名忘卻無憂慮　難得回歸有至親

（三）夢裡不知身是客　遠方故舊笑聲來　酒餘飯飽龍門陣　達旦通宵恨漏催

（四）夢裡不知身是客　黃粱一覺到天涯　萋萋芳草蜉蝣世　向晚投林點點鴉

註：近讀何愷青教授所著「夢裡不知身是客」與「月與燈依舊」二篇大作，感慨殊深。一時高興，便寫下上面的四首詩。

何凱青教授週年祭二首

（一）淚灑斑斑點　春華失故人　音容雖暫杳　歇後語湘筠

（二）春至西城夕照開　嶺南文物憶松梅　晴園息影瀟湘竹　三友凋零失舊醅

註：美國西雅圖仁人服務社老人義務工作者中，有嶺南詩人劉遠（松），馬文山教授（梅）與湖南何愷青教授（竹）三人同為中華文化盡力。稱歲寒三友。

憶西城文友松竹梅

松竹先凋後嶺梅　春來早放百花魁　西城三友今無在　黃雀悲鳴獨自哀

十二生肖

鼠年談鼠

子鼠何緣列地支　穿窬竊食跳梁吱　豈因常與人相稔　領首耕牛壓犬騏

詠　牛

龐然大物性和馴　背載玩童牧草茵　春播犁田耕地苦　秋收碾稻穀場辛
母牛擠奶多人飲　鼻孔穿針小犢瞋　軛頸拖車輜重載　衝鋒陷陣尾焚薪(一)
排行遜後穿瘉鼠(二)　恩寵難追外廄駰　服役終身心盡瘁　鞭笞臀部背酸呻
遲行老病難膺重　氣喘衰頹奮力忞(三)　議價磋商屠户購　汪汪二眼別親人

註：（一）戰國時，齊將田單，被燕軍圍於即墨。單集牛千餘，角束兵刃，尾束灌脂薪芻。夜半驅牛出城，焚牛尾。牛痛，直衝燕軍，大破之。

（二）地支中，子鼠丑牛，牛在鼠後。

（三）忞，勉强。

（四）这一首詩曾登載在拙作排律詩抄八十五頁。

虎年迎春

災禍追隨牛鼠去　小民飽受債錢煎　金融海嘯方停頓　地震山崩尚結連
喜見紅梅新吐艷　樂觀韭葉出鮮妍　陰霾漸散陽和煦　虎躍風從大好年

虎年談虎

雄踞山林虎獨尊　張開大口巨如盆　牙兇爪利豺狼避　足健風生鹿豕奔
朝醒曦光溪畔去　驚疑鼠兔草叢煩　擒拿即食晨餐好　咬殺低頭血肉吞
暢飲清甜流瀉水　徐行緩步返荒原　回窩休息伺昏暮　夜幕低張入柵門
捕獲羔羊驚警狗　沸騰犬吠醒全村　村人追出開弓射　虎背中傷返穴蹲
困獸憑依山石險　獵人群集火薪燔　山君出鬥咆哮逸　乳虎籠囚售獸園

詠虎二首

（一）咆哮山林我獨尊　爪兇牙利口如盆　殷紅血染池邊草　慢步逍遙百獸奔
（二）狐假虎威氣焰揚＊　虎兇狐黨擁如王　狼來虎後狐藏避　推動山君去制狼

詠兔

嬌小玲瓏物　荒郊茂草藏　聞風驚警備　伏地耐寒涼
食物双唇促　潛行豎耳長　千年家豢養　百世育純良
毛色絨衣白　紅睛目睫張　温馴人喜悅　玉兔月光霜

狐悲兔死

狐悲兔死本尋常　佛土西方極樂鄉　舊日友朋凋散盡　空餘黃雀尚飛翔

龍

天上通靈物　潛藏水府宮　升空攔海將　出水帶霓虹
乾旱霖時雨　驚雷醒蟄蟲　鱗光催閃電　飛舞捲狂風

註：這首詩已經增加詩句，與下面一首合併，改為排律，收集在拙作排律詩抄中。

神　龍

大海無邊際　神龍隱約存　蜃樓升寶殿　水府沒宮門
鱗介尊靈長　圖形象至尊　雨師風伯佐　呼嘯逐雲翻

詠蛇三首

〔一〕長蟲百尺長　喜暗怕陽光　躲在深山洞　桃源避世昌
〔二〕響尾驚蛇毒　村民懼畏聞　杯弓蛇影動　吞象海經云(一)
佛口蛇心眾　無頭牛鬼羣(二)　畫蛇添畫足　謬意笑紛紛
〔三〕春風吹醒花千朵　茂草蠕蠕出洞蛇　暫賞陽光觀世界　池塘飲水待蝦蟆

註：（一）山海經云：巴蛇吞象，三歲而出其骨。
（二）俗語，蛇無頭不行。牛鬼羣，俗語，蛇神牛鬼。

馬年詠馬

馳騁荒原足絕塵　温良柔順性和馴　多年家畜成專寵　四足拖車載重珍
千里長途奔八駿　瑤池險峻訪迷津　明妃出塞匈奴附　蒙古征西百國呻
赤兔主亡辭食料　名駒知遇念傷親　忠心耿耿衝鋒陣　馬革裹屍陪主人＊

天　馬

天馬出天山　蒼茫四海間　一朝明主遇　羈勒別疏頑

詠羊二首

（一）嶺上青青草　坡邊咩咩羊　攀高磨腳力　耐冷蓄毛長
奔走逃強敵　溫馴避虎狼　角堅無鬥志　懦弱寄人場
（二）牧場環境好　遠望接窮荒　春至新茅綠　秋來茂草黃
產羔多母乳　入口勝瓊漿　祭祀肥羊宰　新年問吉祥

註：這二首詩已經合併改變為一首排律，請閱拙作排律詩抄。

猴年憶聖

風急天高水洞開　群猴引頸望雲來　自從大聖歸依後　花果山中樹樹哀

詠　猴

精靈兩眼圓　曲趾挽枝躍　獲食群嘻樹　無王眾忿天
啼聲舟客遠　哀嘯夢魂牽　山上無年月　仿佯不羨仙（一）

註：（一）仿佯、遊戲放蕩意。

賀雞年

新年雞報曉　喔喔尋蟲找　雨順得風調　秋收倉滿飽

憶雞啼

啼聲天破曉　遊子晨興早　風雨夜來聲　寒梅花應好

母　雞

粥粥群雌窩小屋　黎明即起尋蟲穀　辛勤覓食不辭忙　生蛋原爲人口腹

野　雞

人說是雞呀　野生隨處家＊　遊魂鎗下鳥　避獵躲飛爬

狗年詠狗

寵物最忠馴　爭前護主人　牧羊驅野獸　鬥賊不憐身
嬌小知心性　些微嗅鼻巡　助盲前引導　生死服膺真

豬年詠豬

人怕成名豬怕壯　飛來暗箭易中傷　無憂飽食圈中睡　那省皮囊眾口嘗

東洋大國四首

〔一〕七十年前說亞東　連天烽火耀晴空　皇軍到處瘋狂殺　旗上金烏血點紅

〔二〕倭寇東來氣焰狂　姦淫放火殺人搶　斑斑點點鮮紅血　惡跡昭彰勝虎狼

〔三〕泱泱大國禍東洋　教育兒童說謊狂　篡改虛誇倭寇史　英雄崇拜盜旗張

〔四〕海盜倭奴本一家　劫財越貨殺如麻　長崎廣島遭天報　戰犯如今武聖誇

竹枝詞十八首

〔一〕歸真返璞竹枝詞　俚語村言絕妙辭　何苦咬文常嚙字　采風各地集民思

〔二〕紅梅吐艷報牛年　冬盡欣然入坦然　新政新人新就職　無腔短引賦詩篇

〔三〕銀錢豈是從天降　救助貧民欠債惶　卑鄙銀行先手客　黑心張口飽肥腸

〔四〕民脂怎可入私囊　心狠豪強竊國狼　食罷牛排猶未足　貪圖還想宰肥羊

〔五〕華爾街頭笑臉多　投機倒把造謠訛　公司損失當權富　小户投資蝕本呵

註：投機倒把，謂以囤積居奇，買空賣空，攙雜作假，操縱物價等手段攫取暴利。

〔六〕一個升空一個連　彩球飛舞上高天　華州優秀人才眾　又有提名入閣賢

註：二〇〇九年春奧巴馬總統任命華州景郡郡長西姆士（King County Executive, Ron Sims）為房屋及都市開發部（Department of Housing and Urban development）部長，後又任命西雅圖市警察局長 Gil Kerlikowske 為 Director of the Office of the National Drug Control Policy. 最後又提名前華州州長華裔駱家輝（Gary Locke）為商務部長，這首詩中隱指其中經過情形。

（七）老鴉炸彈對頭兵　狹路相逢不識荊　武器精良何足恃　不如双翼鼓風行

註：老鴉，老爺諧音。

（八）節節高升竹影斜　州官放火稅增加　開支減縮人人儉　只有公營事業誇

（九）五十僧徒粥半鍋　山門掛單叫窮呵　家家佛事燒錢幣　餓鬼墳頭唱漲歌

註：五十僧徒，美國有五十州。

（十）長年史事成公式　史事昭彰告不祥　八載獵狐狐坐大　白熊鼓掌餓鷹傷

（十一）老虎紙糊空架子　裝模作樣嚇人呵　一經纖指輕穿洞　咆哮無聲爪也痿

（十二）孝敬先人燒錫箔　陰曹錢鈔紙灰揚　陽間效法金洋印　紙幣通行兩界疆

（十三）中東沙漠起狼煙　地下油藏僅百年　財寶金銀何處用　不如杯水灌荒田

（十四）銀行信託公司眾　資訊靈通世界聞　分析精專詳細看　贏家總是牧羊羣

（十五）華爾維加大賭場　引人入勝小錢嘗　投資染上投機癮　賭博終場賭客殃

（十六）彌勒天尊笑面呵　聚財布袋重難馱　門徒詢問錢何用　政黨輿論一網羅

（十七）黑心辣手管他娘　假貨當真得利昂　商譽一文錢不值　司無法制黑成幫

（十八）販夫走卒眼花開　未讀詩詞意會來　繚亂歌聲揚永晝　心弦激動豈須催

西華報廿年

西市高才數靜雯　華人創報鶴鳴群　廿齡業務蒸蒸上　年底喬遷出岫雲

賀西華報新廈落成

春開晴暖寫新歌　大廈輝煌賀客多　四海昇平華埠地　鳳飛龍舞得人和

二〇〇三年西華報文友記事

驟雨還晴水洗塵　一年一度又逢春　西華報社邀文友　僑埠新星聚眾賓

滿座高朋多舊識　同餐督印一勞人　影留紀念銀光閃　留齒餘香享膳珍

二〇〇五年西華報社內部聖誕裝飾競賽戲筆二首

（一）社長督工室

琳瑯滿目督工房　聖誕裝璜剪貼忙　鳥雀紅花天使笑　滿牆記取友情長

（二）南茜編輯室

小小書齋矮矮牆　視窗電腦寫文章　家家火樹霓虹閃　三個花球掛我房

（三）一般工作室

西華報社新模樣　室內裝璜錦繡腸　聖誕公公迷眼笑　壁牆板上彩雲張

註：二〇〇五年十二月十日，西華報社長吳靜雯女士發起佈置報社內部的聖誕節裝飾。並鼓勵全社員工參加，裝飾他們自己的工作室。同日，有四位職員，在報紙上刊登他們的佈置經驗。予深感興趣。尤其是吳女士親自督工，用舊的聖誕卡封面上的畫景，剪裁掛貼的裝飾品，最為別緻。後來又看到編輯張靜宜（南茜）女士所寫的文章，用三個花球等物佈置她的編輯室。寫了二首詩。第二天，細讀另兩編工作人員的文章，又寫下第三首。

讀高將軍先哲論詩書後二首（步兵詩原韻）（二〇〇二年九月作）

（一）名滿東南惠政行　一生戎馬百年情　雄心許國留青史　還我河山背蒐兵

（二）飄泊江湖海外行　密州風雪校園情　七年寶島離家日　猶憶鳳山留訓兵

註：高之濬兄先君高冠吾將軍有兵詩六首傳世。此詩第一首為憶高將軍。第二首為作者離台灣來美留學前，曾受軍訓四月。

讀蕭公權教授「小桐陰館詩詞」書後集句詩二首

數年前蕭慶熙兄賜贈他的尊翁蕭公權教授所箸「小桐陰館詩詞」。讀後至爲欽仰。匆匆寫了二首集句詩如後。

蕭公權教授，字迹園，江西泰和人。於一九二六年在紐約州康乃爾大學獲政治學博士後歸國。曾在清華大學任教。抗日戰爭期中，往成都，先後在四川，光華，燕京大學執教。一九五零年來西雅圖任華盛頓大學教授，一九六八年退休。

蕭教授學兼中西，一代宗師。人所共仰。其詩各體俱備。古詩中「彩雲新曲」叙八國聯軍時賽金花故事，可以媲美長恨歌與圓圓曲。唱和詩約佔全部詩的四分之一。在成都時，經常與朱自清，魯公遜等大詩人酬和。來美後，更結交從未見面的周策縱教授。周教授在「小桐陰館詩詞」書首曾寫了一篇序，詳加推崇「迹園詩稿」與「畫夢詞」的意新境深，格調高寒。在蕭教授的集句詩十九首中，集有白居易，李商隱，元好問，黃景仁及王世鼐等人的詩。排律詩中的「秋懷一百韻酬公遜」可能是唐代大詩人杜甫，白居易，元稹以後僅見的長篇好詩。

「小桐陰館詩詞」係蕭公權全集之二。全集共有九冊。華盛頓大學遠東圖書館有藏書。讀者可往該處借閱。

下面是作者集蕭教授詩句中的二首：

浮　游（集蕭公權先生詩句）

〔一〕不堪回首問前塵　　暫住浮游孰主賓　　轉眼春歸風雨里　　紅鑪炭冷死灰新

鏡花水月（集蕭公權先生詩句）

（二）皮骨崚嶒倦旅顏　十年夢覺一身還　盈虛本異新陳月　晴雨都隨早晚山
箋貯錦囊無所用　劵焚詩債轉多閒　蟬鳴蚓唱終何補　明鏡清輝不忍慳

讀羅家倫先生「心影遊蹤集」書後六首

羅家倫先生，浙江紹興人。先後在美、英、德、法等國留學。歷任清華大學，中央大學校長。抗日戰爭期間，曾任滇黔考察團團長、新疆監察使兼西北考察團團長。抗戰勝利後，出任印度大使。羅家倫先生因身膺要職，遊蹤天下。他的詩想像力豐富，以絕句為長。著有親筆寫的「心影遊蹤集」詩集。

下面是拙作書後六首：

（一）萬里遊蹤後　詩心影像真　儒門班定遠　光彩照前人
（二）桃李滿中華　籌邊計劃誇　瑤池驅駿足　天馬出鳴沙
（三）名士長中央　詩歌愛國狂　黔滇書界石　遺墨散芬芳
（四）大師報國冒風霜　忠孝難全最斷腸　朔漠天山曾駐足　瑤池青海水茫茫
（五）才華揚溢氣高昂　歌曲詩文翰墨場　最喜先生談景色　雲天花樹幻容光
（六）大使文星天竺往　詩留絕句非凡響　幽明美景泰姬陵　尼魯無情仁義罔

讀劉遠先生玄都別院吟草書後四首

（一）桃花猶憶古劉郎　曾在玄都話短長　世事滄桑時刻變　花飛人去意茫茫

（二）看花人去花飄逸　鳥語玄都互訴猜　別院尚留桃核在　劉郎去後後人栽

（三）玄都別院詩千首　心血栽培五七年　足跡遍行南北省　旅遊屢記美加壥

景情融會詩中見　境界天成句內宣　少苦老甘雛二鳳　窮工意廣著鞭先

（四）舊詩樸拙藏新意　絕妙歌辭豈易攀　史事每書鋒鏑苦　悲傷常記病貧鰥

桂林獲職終身守　舍路依親養老閒　人物紅樓多雜詠　雲天常見月眉彎

讀李宗仁回憶録書後

天子門生浙將兵　以多爲勝昧軍情　戰場勝負無功過　唯命遵從位顯榮

讀亦雲自傳書後有感（懷念哲人黃郛）

謙謙君子色　煦煦弭兵戎　謀國功成隱　山居育學童

讀李敖回憶録書後

小小台灣島　重山海上高　鉗言科匪罪　囚禁領風騷

筆諫惟雷震　文誅數李敖　殃民批主子　擊鼓罵蕭曹

觀姚惠連女史書畫記

惠連女史幼承家訓，得叔祖父姚琮味辛先生之薰陶，對書畫獨有所長。味辛先生一代通儒，對女史循循善誘，耳提面命，奠定女史學習書畫之基礎。而女史亦聰敏好學，勤奮用功，晨昏練習，藝事大進。及長，全家遷台，于歸張氏，鰈鰈鶼鶼，每日仍未忘揮毫臨池，終年不斷。蓋天趣所近，對書畫獨有所鍾也。女史觀花鳥魚蟲，下筆描寫其生機活潑之態。畫中鳥語花香，蟲飛魚游，極盡鮮妍。書則各體具備，真草隸篆，無一不精。女史能融合各家之長，龍飛鳳舞，表現於紙筆者，乃惠連自創之書法也。值此故土文化，面臨風雨飄搖之秋，女史之書畫，有如玉樹臨風，獨阻寒潮。欣聞將斥資刊印，使後世學者，能藉此溯源而進，誠屬難能可貴。因此不揣冒昧，撰詩文記之。

琳瑯滿目書兼畫　筆下靈飛紙上蝦　篆隸如雕金石竹　楷行似步鶴麟驊（註）

紅花喜鵲開春早　狂草蘭亭對句誇　赤子童心天趣樂　龍飛鳳舞幻流霞

註：楷書如立，行書如走，草書如奔。見馬文山編著中國書法學概論。

觀汪威先生趙希文女史書畫展記

〔一〕恍惚山光動　雲蒸雜樹生　淙淙清淺水　意味畫中萌

〔二〕淺淺魚蝦動　芳菲草木森　漁歌滄浪水　清濁總浮沉

西城華埠對聯

近海依山　西北美疆人物萃
離鄉背井　八方華夏俊英來

明苑對聯（明苑乃舊店日月軒故址）

明瑩世界　故土日月軒
苑囿乾坤　離塵金銀島

漫談中國近體詩補遺

再談近體詩

擺　脫

擺脫樊籠出繭藏　詩言己志事非彰　抒情怎及無題李　酬友難追送別王
世事關心持記筆　寫他幾句試吟腸　交輝星月雲河淡　人禍天災原子惶

古人說：「詩言志，歌永言，聲依永，律和聲。」志者，記也。用簡短的詩篇記錄世事，當作歷史。由此可見古詩題材的廣泛。這裡的永，與咏同。是歌詠其義以長其言。下面的二句根據孔傳：「言當依聲律以和樂。」及周秉鈞注引俞樾語「依其所詠，以定五聲，是謂聲依永。又患其不和也，而以六律六呂和之，是謂律和聲。」」。依此解釋，詩韻可以說是帮助詩歌流傳的工具，詩律乃是調整音調的和諧。但一般詩人往往將「詩言志，」認爲是個人的生活志趣。因此這一類詩人們的詩往往偏重於個人的小圈子，忽略了國家大事，人民生活。

因爲詩歌要能夠與音律調和，也就是說詩歌應當要押韵，要按照詩譜中每句平仄聲定位。近體詩的規律便和現代民生社會的法律，及科技的公式化相似。規律不但沒有阻礙近體詩的進步，反而造成唐朝詩學的空前發達，維持到民國初期。一千年來寫下了幾十萬首的近體詩篇。這是何等偉大的文學遺產，我們能忍痛割愛嗎?

有人說，近體詩的規律限制了寫詩的自由。這對初次寫詩的人來說，確是問題。好似學童學代數學，起初總有困難。頭痛 a, b, c, X, Y, Z 那一套公式。但等到中學畢業後，日常事務用代數計算，確實方便不少。現代的科技發展，皆依靠公式計算。一般來說，公式和規律是推動進步的工具，而不是一般人所怕的絆脚石。

也有人說四句的絕詩比八句的律詩體裁好。因此一般人總以爲絕句好於律詩。這是大大的錯誤。我現在引用諸子百家中，名家公孫龍子的「白馬非馬」來講解。馬的前面加了白字後，白馬只是馬中的一部分。加了形容辭便增加原字的限制，範圍變狹。絕句因爲字數少，所受的限制也少，詩意比律詩廣，而不是絕句詩好於律句詩。相反的因爲時代在變，複合詞句增多，詩中所談的事物也相對增加。不但詩句從三字句，四字句增加到七字句。句數也從三句增加到四句，八句至無限制。因此現在人寫詩應當了解到這一點，不要專門在絕句詩裡用功夫。但是話得說回來，詩本短制。詩句中的用字措辭，應當選擇廣義一般性的辭句代替狹義的辭句。例如本書唐人集內的一首「燈塔」：

大海無邊際　千船我導航　光穿迷霧出　浪簸谷峯揚
風急濤聲吼　桅傾水手惶　自然威力大　人建塔燈房

其中前聯「光穿迷霧出，浪簸谷峯揚」二句，初稿是「光穿濃霧出，浪簸萬峯揚」，但因「迷」可以包括「濃」，「谷峯」可以包括「萬峯」。因此我便改寫成現句。

中國人的言語辭彙，有單字，雙字，複合詞，成語及俗語等等。辭彙裡的詞組，通常是兩兩相連，原因是單字往往有幾種意義，加上另一個意義相同的字，成爲詞組，意義再加以肯定。使得讀者容易了解，不須猜想。因此在中國的文字言語中，雙字詞組特別多。複合詞大多是三字詞組。成語及俗語則大多是四字，通常是二組詞組合併而成。

中國詩歷史悠久，發展到唐朝的近體詩，可算是大成。近體詩以有規律的絕詩和律詩爲主。絕詩是四句的短章。律詩至少八句。其中第五句與第六句必須對仗。至於韻脚，雙數句一般要用相同的韻。第一句的最後一個字可以用韻也可以不用韻。關於詩句中的平仄相間，要點是不要讓四個平聲字或四個仄聲字連在一起。

在中國的成語及俗語中，因爲傳用了多年，一般是平仄相間。很少有四個平聲字或四個仄聲字連結在一起。有些成語如「語重心長」是兩組相類似的雙字詞組「仄仄平平」所組成。因此便可以拆開分用在前後對句中。

近體詩起原於樂府，着重聲韻的和諧。簡述如下：

一、聲　韻

一般說來，近體詩大多是用平聲韻。仄聲韻的近體詩很少。第一句的句尾字一般可以不用韻。但變例的詩句可以用韻。一首詩中所用的韻，必需在同一韻目。可以查看「詩韻合璧」選用同韻字押韻。

二、聲　調

詩句的平仄聲調是四句四句的重復。絕詩是在詩譜鏈中截取四句。律詩是在詩譜鏈中截取八句。排律詩則是在詩譜鏈中截取所需要的句數，沒有限制。在一般情形下，近體詩大多可以歌唱。絕句因爲只有四句，有時須要增加句數歌唱，如陽關三疊等等。

解剖中國近體詩詩譜聲調

近體詩的詩譜好像是脚踏車的車鏈。車鏈有很多節，裝在脚踏車上。車行時，脚踏車鏈循環轉動，周而復始。近體詩的詩譜也是同樣的情形，每一節有四句。現在我將仄起平聲韻七言排律詩的詩譜抄下來解釋：

仄仄平平平仄仄　平平仄仄仄平平　平平仄仄平平仄　仄仄平平仄仄平

仄仄平平平仄仄　平平仄仄仄平平　平平仄仄平平仄　仄仄平平仄仄平

……

……

仄仄平平平仄仄　平平仄仄仄平平　平平仄仄平平仄　仄仄平平仄仄平

仄仄平平平仄仄　平平仄仄仄平平　平平仄仄平平仄　仄仄平平仄仄平

……

如果我們將第一節的四句用「甲、乙、丙、丁」四式來代表：

甲、仄仄平平平仄仄

乙、平平仄仄仄平平

丙、平平仄仄平平仄

丁、仄仄平平仄仄平

我們便會發現到一般的近體七言詩句都離不了這四種句式。變來變去，只是在四句中改換甲乙丙丁的次序和位置而已。

例如仄起平聲韻七言詩首句變式：「仄仄平平仄仄平」是將甲式變換成丁式，放在首句。這一節的四句的次序變換爲「丁乙丙丁」。又平起平聲韻七言詩則是將前面二句甲乙式移到丙丁式的後面，成爲「丙丁甲乙」的次序。平起平聲韻七言詩首句變式變換順序爲「乙丁甲乙」。至於五言詩只要在七言詩詩譜每句拿掉前面的兩個字「仄仄」或「平平」即成。也離不開這四種句式。現在先從五言詩來講解。

拙作『觀汪威先生「巨浪」畫幅』，起先我曾寫了一首仄起五律如下：

丙一、精益求精進　丁一、求精逐日辛　甲一、千堆花濺雪　乙一、萬點畫思春
丙二、潑墨維新意　丁二、汪洋巨浪晨　甲二、恢恢瀰漫霧　乙二、念念渾忘身

後來覺得律詩太長，應改爲四句的絕句。原詩是「丙一、丁一、甲一、乙一、丙二、丁二、甲二、乙二」八句的型式。改爲五絕，便可能有十多種選擇。其中我選用寫成四首。第一首選了「甲二、乙一、丙二、丁二、」四句的詩式。第二首選了「甲一、乙一、丙二、丁二、」的詩式。第三首選了「丙一、丁一、甲二、乙二、」的詩式。第四首選了「丙一、丁二、甲二、乙一、」的詩式如下：

（一）恢恢瀰漫霧　萬點畫思春　潑墨維新意　汪洋巨浪晨

〔二〕千堆花濺雪　萬點畫思春　潑墨維新意　汪洋巨浪晨
〔三〕精益求精進　求精逐日辛　恢恢瀰漫霧　念念渾忘身
〔四〕精益求精進　汪洋巨浪晨　恢恢瀰漫霧　萬點畫迎春

如果有人將古人寫的近體詩依照「甲、乙、丙、丁」四式分類，選用同韻的四句或八句寫集句詩，按照上面所說的方法，加以選句，可以省事不少。尤其是題畫詩，古人留下來的風景詩很多，如果用這種方法在畫上寫集句詩。畫中有詩，更是方便得很。可惜古人留下來的排律詩不多。否則一首四十句的排律詩便可以組成近百首分類集句的絕句詩。

仄聲韻的句式也只有這四種，讀者可以自行研究。

用電腦程式寫作近體詩

輕而易舉

輕而易舉寫吾詩　尋找前人類似辭　韻腳保留如舊作　句文更換照規持
推敲逐字從頭起　和諧音聲熟慮思　祕密說穿容易學　何須闢地建樊籬

由於個人電腦的發展，家家戶戶差不多都有網路聯系。因此現代人寫作近體詩可以利用上述詩譜分類的方法，選用前人詩句，重新組合，開始試寫集句詩。等到集句詩有了基礎後，再試用代數的方法利用古人詩句的骨架寫自己的詩篇。學成以後，再試行按照詩譜詩韻，隨心所欲，放手寫自己的詩了。

律詩中的起承轉合

詩與文的寫作，一般都按照起承轉合的順序。絕句只有四句，順理成章，起承轉合，各佔一句。律詩八句，起句往往只是一句，承句一般是第二句和第三句。轉句通常便落到第四句上。因爲第四句是對句，可以隨意變換句意，引發以下的詩句。

後面是拙作『中秋』：

牡丹鄰院花爭發　白紫紅黃麗質優　國色不因秋色減　詩魂屢與夢魂遊(一)
重洋阻隔邦鄉遠　佳節歡騰眾庶投　寰宇同欣觀桂魄　賞花賞月慶中秋

註：（一）詩魂，詩人的精神。

這首七律中的第四句，便從花好轉到夢魂，想念故鄉。最後以「寰宇同欣觀桂魄，賞花賞月慶中秋。」結束。

再談靈感

有關靈感的效應，這是心理學的問題。一般說來，專心一意，心無旁騖，會產生靈感。靈感的效用會在不知不覺中，帮助完成你的心願。愚夫愚婦會在神像前許願。發明家愛迪生的健忘和蘋果落地啓發了牛頓萬有引力力學的定律，以及李商隱的「心有靈犀一點通」和潑墨畫家的及時作畫，可能都與靈感有關。

靈感是詩人寫作的主要泉源。有的詩人天資聰敏，生來便有靈感，但這一類的詩人歷史上只是少數。多數詩人是靠勤奮不懈的專注。才能培養出靈感。名詩人杜甫，白居易等，便是其中佼佼者。

一般說來，學工程科技的人士，因爲工作驅使，時常要專心一志的研求。退休後，沒有工作壓力，心境開朗。加上歷年來專注的習性。最容易產生靈感。如要學習寫詩，有時會比一般人容易。

律詩的對句與對意

律詩的對句往往因爲找不到相關平仄調和的字句，使得詩人尋章摘句，苦吟終日。有時寫出來的詩篇，仍有阻滯之感。在這種情形下，最好的辦法，是「跳出火坑」，「重起爐灶」。在意識上用功夫，找尋出路。例如拙作排律詩抄「二千零八年美國股票市場風暴記」中有「空空樓閣移星月，喞喞虫聲訴短長」二句。因爲找不出相似的對句，只好在「相對的意境」中找出路。由天上的星月對地上的鳴蟲。由靜止無人的樓閣對歌唱的蟲聲。這種對意的運用是解脫困局的佳妙方法。有時會使得律詩由對句引入到另一層境界，增廣詩的深度。